AF309392

ÉTUDE

SUR

L'IMMUNITÉ MÉROVINGIENNE

PAR

FUSTEL DE COULANGES

MEMBRE DE L'INSTITUT

Extrait de la *Revue historique*

(*Les tirages à part ne peuvent être mis en vente.*)

PARIS

1883

ÉTUDE

SUR

L'IMMUNITÉ MÉROVINGIENNE

PAR

FUSTEL DE COULANGES

MEMBRE DE L'INSTITUT

Extrait de la *Revue historique*

(Les tirages à part ne peuvent être mis en vente.)

PARIS

1883

ÉTUDE

L'IMMUNITÉ MÉROVINGIENNE

I.

Il y a deux raisons pour étudier de près l'immunité méro-vingienne. L'une est qu'elle jette un grand jour sur les institutions et les habitudes de l'époque; l'autre est qu'elle annonce et prépare le régime féodal des époques suivantes.

Quelques mots d'abord sur nos documents. Aucun écrivain du temps, pas même Grégoire de Tours, ne parle de l'immunité. A peine le mot apparaît-il quelquefois, sans aucune explication qui nous éclaire. Elle est mentionnée dans les actes du concile d'Orléans de 511[1], dans un édit de l'un des rois qui ont porté le nom de Clotaire[2], dans une lettre de l'évêque Rauracius qui est de la première moitié du viie siècle[3]. Ce serait assez pour attester que la concession d'immunité est ancienne; ce n'est pas assez pour nous apprendre en quoi consistait l'immunité. Mais nous possédons les actes eux-mêmes, c'est-à-dire les diplômes qui ont été écrits par l'ordre des rois francs et signés de leur main. Ces diplômes, en même temps qu'ils confèrent l'immunité, la défi-

---

1. *Concilium Aurelianense*, c. 5 (Mansi, VIII, p. 352; Labbe, IV, 1405) : agrorum vel clericorum immunitate concessa.

2. *Chlotarii constitutio*, c. 11 (Pertz, *Leges*, I, p. 3 ; Boretius, *Capitularia*, p. 18): Ecclesiae vel clericis... qui immunitatem meruerunt. Sirmond a attribué cet édit à Clotaire Ier, à cause du mot *germani* qui se trouve dans ce même article. Waitz et Boretius préfèrent l'attribuer à Clotaire II, et il est vraisemblable qu'ils ont raison. Seulement, la raison qu'ils donnent, à savoir que le grand-père de Clotaire Ier étant païen n'a pu donner d'immunités à des églises, est une de ces raisons à priori qui ont peu de valeur historique. Childéric, sans être chrétien, a bien pu traiter avec des évêques.

3. *Epistola Rauracii*, Nivernensis episc. ad Desiderium (dom Bouquet, IV, 44) : Sicut et immunitas nostra ex hoc continet. — *Vita S. Balthildis*, 9, dans les *Acta SS. ord. S. Benedicti*, II, 780 : eis emunitates concessit.

nissent en termes très nets et en énumèrent minutieusement les effets[1].

Ces documents nous paraissent devoir être rangés en deux catégories, suivant qu'ils précèdent ou suivent l'avènement de Dagobert Ier.

En premier lieu, nous avons un diplôme qui est attribué à Clovis et qui paraît daté de 497[2]. On y lit que le roi franc fait donation d'une terre à Jean, fondateur du monastère de Réomé[3], et la suite de l'acte montre qu'une pleine immunité est accordée à lui et à ses successeurs sur cette terre. Si l'authenticité de cet acte était certaine, nous pourrions saisir dès le temps de Clovis tous les caractères de l'immunité mérovingienne; mais le texte du diplôme porte des marques trop visibles d'interpolations d'une époque postérieure[4]. Il n'est probablement qu'une copie altérée et allongée d'un ancien diplôme[5]. Clovis a accordé l'immunité, mais non pas sous cette forme. Nous inclinons même à croire que deux actes s'y trouvent réunis, l'un qui est une charte de mainbour, l'autre qui est une charte d'immunité, et que ces

1. Nous nous sommes servi de l'édition de Pardessus, *Diplomata, chartae, epistolae, leges*, 1843-1849, édition qui reste encore la meilleure après la publication des *Diplomata* par K. Pertz, dans les *Monumenta Germaniae*, 1872. — Pour les diplômes qui sont aux Archives nationales, le texte en est dans Tardif, *Monuments historiques, cartons des rois*. — Sur plusieurs de ces diplômes il faut lire Th. Sickel, *Beiträge zur Diplomatik*, dans les comptes-rendus des séances de l'académie de Vienne, juillet 1864, p. 175 et suiv.

2. *Diplomata*, n° 58, t. I, p. 30.

3. Reomaus, dans le pagus Tornodorensis (Cf. Grégoire de Tours, *De gloria confessorum*, 87). Ce pagus ne faisait pas partie, comme on l'a dit, du royaume des Burgondes; d'après l'*Historia epitomata*, c. 19, il était du territoire de Clovis dès 493. Ainsi tombe l'une des objections qu'on a faites contre la sincérité de ce diplôme.

4. Par exemple, il est inadmissible que Clovis ait compté les *abbates* parmi les dignitaires de son temps et les ait mis à côté des évêques; cf. concile d'Orléans de 511, can. 7 et 19. — Clovis n'a pas pu écrire *propter meritum tanti patroni..... peculiarem patronum nostrum dominum Johannem*, Jean n'étant pas encore un saint au moment où la concession de terre lui était faite. — Le petit monastère de Jean ne possédait pas encore les *vicos* et les *villas* dont il est parlé dans l'acte. — Les expressions *primo subjugationis Gallorum anno* sont tout à fait inusitées et elles s'expliquent d'autant moins que Clovis savait parfaitement qu'il n'avait pas conquis la Gaule d'un seul coup ni à une date précise. — Voyez Junghans, *Childéric et Chlodovech*, trad. G. Monod, p. 145.

5. C'est l'opinion de Bréquigny et de Pardessus; je la crois plus juste et plus sage que celle de Junghans qui rejette absolument ce diplôme comme n'ayant aucune valeur.

deux actes ont été réunis et mal fondus ensemble par un successeur assez éloigné du premier concessionnaire. Nous ne regardons pas ce diplôme comme une pièce absolument fausse, mais comme une pièce très remaniée et en tout cas très postérieure à la date qui y est inscrite. Nous nous en servirons, mais comme s'il était un acte du viiᵉ siècle, et nous y chercherons ce qu'était l'immunité, non pas au temps de Clovis, mais deux siècles après lui.

Nous ne parlons pas du diplôme que Clovis aurait donné au monastère de Saint-Pierre-le-Vif de Sens[1] ; il est universellement regardé comme apocryphe. Une lettre du même roi, dont l'authenticité est généralement admise, nous montre Clovis donnant un domaine à Euspice et à Maximin, et assurant en même temps à ce domaine une exemption perpétuelle des impôts[2]. Ce n'est pas encore là l'immunité complète, telle que nous la verrons tout à l'heure ; mais ce qui est assez curieux, c'est que nous possédons en même temps deux diplômes relatifs à la même concession et attribués au même prince[3], qui sont plus longs que la lettre originale, et où les privilèges de l'immunité sont bien plus étendus. Le monastère n'est plus seulement exempté des impôts ; il est affranchi de toute autorité civile et ecclésiastique. Ne pouvons-nous pas croire que ces diplômes sont des copies postérieures dans lesquelles les successeurs des premiers concessionnaires ont inséré ce qu'ils ont pu ? La concession se serait ainsi développée de copie en copie.

Des fils et des petits-fils de Clovis nous possédons quatre diplômes qui touchent à notre sujet : deux de Childebert Iᵉʳ et un de Chilpéric en faveur du monastère d'Anisola, et un de Clotaire Iᵉʳ qui confirme celui que Clovis avait accordé au monastère de Réomé. Ces actes passent généralement pour authentiques, sauf quelques points de forme. Mais nous devons faire observer

1. *Diplomata*, édit. Pardessus, nᵒ 64 ; édit. Pertz, *Spuria*, nᵒ 2. Il contient, à la fin, la formule de pleine immunité.

2. *Diplomata*, édit. Pardessus, nᵒ 87 : Absque tributo, naulo et exactione. — Il faut observer que cet acte se distingue de tous ceux qui concernent l'immunité, en ce qu'il est sous forme de lettre adressée aux concessionnaires. Il faut ajouter que le mot *immunitas* ne s'y trouve pas. Enfin, les deux concessionnaires sont placés sous la *tuitio* d'un évêque, ce qui est contraire à toutes les chartes d'immunité que nous connaissons. Cette lettre ne peut donc pas être prise comme type.

3. *Diplomata*, édit. Pardessus, nᵒˢ 88 et 89.

qu'ils sont plutôt des diplômes de mainbour que des diplômes
d'immunité, bien que la clause essentielle de l'immunité s'y trouve
comprise. Nous pourrons nous en servir; mais ils ne suffiraient
pas à nous éclairer. Ainsi, depuis Clovis jusqu'à la fin du
vi⁰ siècle, les documents sont peu nombreux, peu précis et peu
sûrs. Ils laissent bien voir que l'immunité existait déjà, mais ils
ne permettent pas d'affirmer qu'elle allât plus loin que l'exemption des impôts.

Cette dernière remarque est confirmée par la lecture de Flodoard;
ce chroniqueur écrivait au x⁰ siècle; mais il avait dans les mains
des diplômes qui remontaient beaucoup plus haut. Or, quand il
parle de l'immunité accordée par Clovis à l'église de Reims, il
est visible qu'il n'y voit qu'une exemption des impôts [1]. Il en est
de même quand il parle du diplôme accordé à la même église par
Childebert II [2], et ce n'est que plus tard, en parlant d'un évêque
du vii⁰ siècle, qu'il décrit une immunité plus étendue.

Dès le vii⁰ siècle, en effet, les diplômes abondent, et l'immunité s'y présente dans son développement complet et avec tous les
caractères qu'elle conservera pendant six siècles.

Un grand nombre de ces diplômes sont attribués à Dagobert I⁰ʳ; nous citerons seulement celui de 627 en faveur de l'église
de Worms [3], celui de 632 pour l'église de Trèves [4], celui de 635
pour les *matricularii* de l'abbaye de Saint-Denis [5], celui de 635
en faveur du monastère de Rebais, dans le diocèse de Meaux [6],

---

1. Flodoard, *Hist. eccles. remensis*, II, ɪɪ : A tempore domni Remigii et Clo-
dovei regis, ab omni functionum publicarum jugo liberrima exstitit.

2. Id., ibid., II, 2 : Praesul Egidius apud regiam majestatem immunitatis
praeceptum ecclesiae suae obtinuit ut ab omni fiscali functione vel mutilatione
haberetur immunis.

3. *Diplomata*, n° 242. L'authenticité en est contestée, sans preuves tout à fait
convaincantes, du moins en ce qui concerne le fond. — M. Pertz le range parmi
les *Spuria*. On sait que Pardessus a inséré dans son recueil, et à leur date, les
diplômes contestés, et même les diplômes reconnus faux; et il a eu raison. Un
acte altéré, interpolé, remanié peut être fort utile à l'historien. On peut tirer
quelques lumières même d'un acte entièrement contrefait, surtout si l'on peut
distinguer à quelle date il a été fabriqué, et à la condition qu'on applique les
renseignements qui s'y trouvent, non à la date qui y est inscrite, mais à la date
où l'acte a été fait.

4. *Diplomata*, n° 258.

5. *Diplomata*, n° 268. La signification d'immunité ressort de l'emploi des
mots *absque introitu judicum* que nous expliquerons plus loin.

6. *Diplomata*, n° 270. Comparez à ce diplôme, qui accorde l'immunité civile,

celui que le même prince a donné à l'abbaye de Saint-Denis entre 631 et 637 [1].

Nous trouvons ensuite deux diplômes de Clovis II, l'un pour le monastère de Saint-Maur, l'autre pour le monastère de Saint-Denis [2]; deux diplômes de Clotaire III en faveur de l'abbaye de Corbie [3]; quatre de Childéric II pour les monastères de Sénones, de Montier-en-Der, de Saint-Grégoire en Alsace, et pour l'église de Spire [4]; cinq de Thierri III pour les monastères d'Anisola, de Saint-Denis, de Saint-Bertin, d'Ebersmunter en Alsace, de Montier-en-Der [5]; deux de Clovis III pour Anisola et pour Saint-Bertin [6]; deux de Childebert III dont le texte original se trouve aux Archives nationales, l'un en faveur du monastère de Saint-Maur [7], l'autre en faveur de celui de Tussonval [8]; quatre du même prince en faveur de Saint-Serge d'Angers, des églises de Vienne et du Mans [9], et d'un couvent de femmes à Argenteuil [10]; deux de Dagobert III en faveur du monastère d'Anisola et de l'église du

deux bulles de Jean IV et de Martin Ier qui accordent l'immunité ecclésiastique au même monastère (*Diplomata*, n°s 302 et 311).

1. Nous avons trois textes de ce diplôme : deux dans un cartulaire de Saint-Denis, qui est du xive siècle (Bibliothèque nationale, lat., 5415), et un troisième aux Archives nationales, K, 1, 7. Celui-ci est semblable au premier texte du cartulaire; le second texte du cartulaire est sensiblement différent des deux autres. D'ailleurs, celui qu'on a aux archives n'est pas l'original, il n'est qu'une copie du ixe siècle. Pardessus, Pertz et Sickel sont d'accord pour penser que le diplôme, dans quelque texte qu'on le lise, est faux. Il faut entendre qu'il est faux dans la forme où il nous est parvenu, c'est-à-dire qu'il est tout au plus une copie altérée d'un diplôme vrai. On a dit que Clovis II était l'auteur de la première immunité accordée à Saint-Denis; mais cela ne ressort pas des documents. — On trouvera le premier texte du cartulaire dans les *Diplomata* de Pardessus, n° 282; le deuxième texte au n° 281, et le texte des archives dans les *Monuments historiques* de Tardif, p. 7-8.

2. *Diplomata*, n°s 291 et 322.

3. *Diplomata*, n°s 336 et 337.

4. *Diplomata*, n°s 341, 367, 368, et *Additamenta*, t. II, p. 424.

5. *Diplomata*, n°s 372, 397, 400, 402, 403.

6. *Diplomata*, n°s 417 et 428.

7. Archives nationales, K, 3, 12⁸. Il a été publié par Bordier, dans la *Bibliothèque de l'École des chartes*, 1849, p. 59, et par Tardif, *Monuments historiques, cartons des rois*, n° 41, p. 34. Il a été inséré dans les *Diplomata* de K. Pertz, p. 64.

8. Archives nationales, K, 3, 10; *Diplomata*, éd. Pardessus, n° 436. Ce diplôme confirme un diplôme antérieur de Thierri III.

9. *Diplomata*, n°s 444, 445, 463.

10. *Diplomata*, n° 441. Ce diplôme présente une forme particulière, et l'immunité y est, on le comprend, moins étendue que dans les autres. L'appendice de

Mans[1]; un de Chilpéric II en faveur de l'abbaye de Saint-Denis, dont l'original se trouve aux archives[2]; un autre du même prince en faveur du monastère de Saint-Bertin[3]; quatre de Thierri IV pour Saint-Bertin, pour Anisola, pour le couvent de Maurmunster, près de Saverne, et pour celui de Murbach[4]; un de Childéric III pour Saint-Bertin[5], et enfin un de Pépin, agissant encore comme maire du palais, en faveur de l'église de Mâcon[6].

Tous ces diplômes ne sont pas d'une authenticité également certaine. Pour un très petit nombre seulement nous possédons les originaux; pour quelques autres, des copies du IXe ou du Xe siècle. Le plus grand nombre s'est trouvé dans des cartulaires d'époque postérieure où ils ont pu être altérés par les copistes. Mais quand même nous ne posséderions que les deux diplômes originaux de Childebert III et celui de Chilpéric II qui sont aux archives nationales, ce serait assez de ces trois documents irréfutables pour nous faire connaître l'immunité mérovingienne. Or, les autres diplômes ressemblent fort à ces trois-là et contiennent presque toujours les mêmes clauses. On peut contester certaines dates et certaines signatures; on peut soupçonner çà et là quelques lignes; mais tous ces diplômes forment un ensemble dont la valeur historique n'est pas contestable[7].

L'énumération que nous venons de faire donne lieu à une autre remarque. Ce grand nombre de diplômes d'immunité qui ont échappé à la destruction permet de juger de la multitude de concessions de cette nature qui ont été obtenues des rois mérovingiens. Tous les rois semblent en avoir accordé. L'immunité ne date pas de la décadence des Mérovingiens; elle est à peu près

Marculfe, n° 44 (Rozière, n° 23; Zeumer, p. 200-201), présente aussi une immunité accordée à un couvent de femmes.

1. *Diplomata*, n°s 482, 486.

2. Archives nationales, K, 3, 17; Tardif, *Monuments historiques*, p. 38-39; *Diplomata*, n° 495.

3. Extrait du cartulaire rédigé par le moine Folquin au Xe siècle. Guérard, *Cartulaire de Saint-Bertin*, p. 27. *Diplomata*, n° 507.

4. *Diplomata*, n°s 515, 522, 531, 542.

5. *Diplomata*, n° 570.

6. *Diplomata*, n° 568.

7. Flodoard a eu sous les yeux d'anciens diplômes d'immunité : *Quarum adhuc regalium monumenta praeceptionum in archivo ecclesiae conservantur.* Il ne les a pas insérés dans son histoire : mais il en a résumé le contenu (*Hist. eccl. remensis*, II, II); or, son résumé concorde pleinement avec les diplômes que nous avons.

aussi ancienne que la monarchie franque. Elle n'a pas été arrachée à la faiblesse de quelques princes; c'est de Dagobert Ier, c'est-à-dire du plus puissant et du plus absolu des rois, que nous avons le plus grand nombre de diplômes. En un mot, la concession d'immunité n'est pas un acte exceptionnel et anormal; c'est un acte très ordinaire et très régulier dans l'administration mérovingienne.

Il y a lieu de penser qu'il en existait des formules officielles et des modèles constants, comme pour tous les autres actes, dans les bureaux du palais, *scrinia palatii*. Nous le reconnaissons à l'unité de style de presque tous ces diplômes. Qu'ils soient écrits en Austrasie ou en Neustrie, c'est toujours le même langage, la même phraséologie soignée et arrêtée, c'est surtout le même fond.

Nous n'avons pas ce formulaire de la chancellerie royale. Mais le moine Marculfe a composé, au VIIe siècle, un recueil des formules qui étaient employées soit au tribunal du palais, soit dans les tribunaux des comtes, *in palatio aut in pago*. Parmi les premières, il en insère six qui sont des formules d'immunité[1]. Ces formules, que Marculfe a copiées sur un grand nombre d'actes, ont la même valeur que les diplômes eux-mêmes dont elles sont l'image, et elles se trouvent en effet conformes, dans tous leurs traits essentiels, aux diplômes royaux que nous citions tout à l'heure.

Tels sont nos documents. Insuffisants pour le VIe siècle, ils sont pour le VIIe très nombreux. Ils sont, dans leur ensemble, authentiques et presque officiels. Toutefois, nous devons faire observer que tous ces documents sont d'une seule nature et d'une seule sorte. Or, l'historien n'est vraiment maître d'un sujet que lorsqu'il possède sur ce sujet des documents de nature diverse. Il lui faut des sources divergentes et parfois opposées. Cela est surtout vrai pour celui qui étudie les institutions; il a besoin de docu-

---

1. Marculfe, I, 3 (édit. de Rozière, 1859, n° 16; édit. Zeumer, dans les *Monumenta Germaniae*, in-4°, 1882, p. 43); cette formule porte pour titre Emunitas regia. — Marculfe, I, 4 (Rozière, 20; Zeumer, p. 44), Confirmatio de emunitate. — Marculfe, I, 14 (Rozière, n° 147; Zeumer, p. 52). — Marculfe, I, 17 (Rozière, n° 152; Zeumer, p. 54), Confirmatio ad seculares viros. — La formule I, 16, contient aussi mention d'immunité. La formule I, 2, concerne à la fois l'immunité vis-à-vis de l'évêque et l'immunité vis-à-vis des pouvoirs civils. — Enfin l'Appendix ad Marculfum, 44 (Rozière, n° 23; Zeumer, p. 200), renferme aussi une concession d'immunité; mais elle est probablement d'âge carolingien; cf. formules de Lindenbrog, n° 8.

ments qui le renseignent sur l'état légal, et d'autres documents qui lui laissent voir l'état réel, avec toutes les diversités et les nuances de l'application. Voyez quelles idées fausses quelques-uns se font de la société franque quand ils la jugent d'après les seuls textes législatifs. Si l'on veut connaître les différentes faces d'une même société, d'une même institution, il faut faire sortir la lumière des documents les plus contradictoires. C'est pourquoi nous voudrions posséder, à côté des diplômes et des formules qui nous présentent les formes légales de l'immunité, quelques phrases d'historiens ou d'annalistes, quelques lettres, quelques anecdotes qui nous fissent voir ce qu'elle était dans la pratique. C'est l'absence de textes de cette nature qui fait la difficulté du sujet et la limite de notre étude [1].

II.

Avant d'entrer dans l'étude directe de l'immunité, il est utile de jeter un coup d'œil sur le gouvernement des rois Francs et leur administration. On y verra au milieu de quelles circonstances l'immunité s'est produite, et l'on y discernera peut-être les causes qui l'ont engendrée.

Le gouvernement des successeurs de Clovis était la monarchie absolue. La royauté était héréditaire et se partageait entre les fils comme un domaine. Les nombreux écrits qui dépeignent la vie du temps ne nous montrent jamais rien qui ressemble à des assemblées nationales. Nous y voyons souvent des guerriers réunis, mais nous n'y voyons jamais un peuple qui délibère. La royauté franque était sans limites légales.

Le roi réunissait dans ses mains tous les pouvoirs. Il était le juge suprême de tous les hommes du royaume, sans distinction

1. Parmi les travaux modernes nous citerons : Pardessus, *Loi salique*, p. 588 et suiv. — Lehuerou, *Institutions carolingiennes*, p. 245-252. — Roth, *Geschichte des Beneficialwesens*, 1850, p. 118-119. — Zœpfl, *Deutsche Rechtsgeschichte*, 1872, t. II, p. 223-228. — Zœpfl, *Alterthümer*, 1860, t. I, p. 39-54. — Waitz, *Deutsche Verfassungsgeschichte*, t. II, p. 634-645 de la seconde édition. — Th. Sickel, *Beiträge zur Diplomatik*, III, dans les *Sitzungsberichte* de l'académie de Vienne, 1864, juillet, pages 175 et suiv. — Tout récemment, M. Prost a publié dans la *Revue historique du droit français et étranger* une étude sur l'immunité, étude sérieuse, mais où beaucoup d'affirmations nous paraissent inexactes. Il s'est d'ailleurs peu occupé de la période mérovingienne qui fait l'objet spécial de notre travail.

de races. Entouré de hauts fonctionnaires du palais, il vidait les procès et punissait les crimes[1]. Il condamnait à la prison, à la confiscation des biens, à la mort[2]. On le voit même assez souvent frapper de mort un accusé, gaulois ou franc, sans aucune forme de jugement, et aucune protestation n'indique qu'on crût qu'il outre-passait son droit[3]. Soit que, comme Chilpéric, « il multipliât les condamnations afin de s'enrichir par la confiscation des biens des condamnés, » soit que, comme Dagobert, « il jugeât avec tant d'équité qu'il frappait les grands de terreur et remplissait les pauvres de joie[4], » dans l'un et l'autre cas il était le grand juge du royaume.

Il percevait des impôts et en fixait lui-même le chiffre[5], sans que nous voyions jamais qu'un peuple fût consulté sur cette matière. Il commandait l'armée et ordonnait à son gré les levées militaires. Tous les sujets, sans distinction de races, prenaient les armes sur son ordre et se portaient où il voulait[6]. Il faisait à son gré la guerre ou la paix, obligé sans doute de plaire à ses guerriers et surtout de satisfaire leur cupidité, mais n'ayant jamais à consulter une nation ou une assemblée sur la guerre à entreprendre ou le traité à conclure.

1. Voyez les nombreux arrêts rendus par le roi, ou en son nom, dans les *Diplomata*, nᵒˢ 331, 332, 334, 349, 394, 429, 431, 434, 440, 473, etc. — Marculfe, I, 25 : Cui Dominus regendi curam committit, cunctorum jurgia diligenti examinatione rimari oportet. Ergo cum nos in palatio nostro ad universorum causas audiendas cum pluribus optimatibus nostris, referendariis, domesticis, seniscalcis, cubiculariis et comite palatii resideremus... — Cf. Grégoire de Tours, H. Fr., VII, 23; *Vita S. Rigomeri*, dans dom Bouquet, III, 427; *Vita S. Praejecti*, dans les Acta SS. Ord. S. Benedicti, II, 644.

2. *Vita S. Eligii*, I, 31 : Omnia humana corpora quae regis severitate perimabantur. — *Vita S. Radegundis*, c. 8 : Si quis pro culpa criminali, ut assolet, a rege deputabatur interfici.

3. Grégoire de Tours, *H. Fr.*, VIII, 11 : Rex jussit Boantum gladio percuti. — Id., VIII, 36 : Magnovaldus, causis occultis, ex jussu regis interficitur. — Id., IV, 13; V, 5; V, 17; V, 48; VIII, 44; IX, 8; IX, 9-10; X, 27. — Frédégaire, *Chronique*, 43 : Chlotarius pacem sectatus multos inique agentes gladio trucidavit. Id., 44, 52, 54.

4. Grégoire de Tours, VI, 46. Frédégaire, *Chronique*, 57.

5. Grégoire de Tours, V, 29 : Chilpericus rex descriptiones novas et graves in omni regno suo fieri jussit. — Id., VII, 15 : Multos de Francis publico tributo subegit. — Id., IV, 2; V, 35; IX, 30; X, 7. Dans ce résumé nécessairement très court, nous laissons de côté les questions controversées; elles feront l'objet d'autres études.

6. Grégoire de Tours, V, 27; VI, 31; VII, 24; VIII, 18; VIII, 30; IX, 12; IX, 18; IX, 31; X, 3. — Frédégaire, *Chronique*, 38, 74, 78, 87. — Lex Ripuariorum, LXV.

Telle fut la royauté mérovingienne jusqu'à la fin. Même sous les rois que depuis on a appelés, à tort ou à raison, les rois fainéants, la royauté ne fut pas moins absolue. Il y eut plus de désordres, plus d'ambitions autour du trône, plus de révoltes; il n'y eut pas plus de liberté. On fit et l'on défit des rois dans des guerres civiles; nul ne paraît avoir songé à fonder des institutions libres ou à amoindrir légalement la royauté.

Pour se faire obéir dans les provinces, cette royauté avait à sa disposition tout un corps administratif qu'elle tenait de l'empire romain. Loin de le supprimer, elle le développa. Elle augmenta le nombre des agents du pouvoir. Elle eut ses *duces* et ses *comites*, à peu près comme l'empire; elle eut de plus des *vicarii*, des *tribuni*, des *centenarii*[1]. Cela fit un réseau qui couvrit tout le royaume et qui rendit la royauté présente dans les moindres cantons. Les ducs et les comtes étaient nommés par le roi, et pouvaient être révoqués par lui[2]. Les vicaires, tribuns et

---

1. Ce n'est pas ici le lieu d'entrer dans le détail de l'administration mérovingienne. Sur les *vicarii*, les principaux textes sont: Grégoire de Tours, *Hist.*, VIII, 23 ; X, 5 ; Marculfe, 1, 6 (Rozière, n° 477); *additam. ad Marc.*, Zeumer, p. 111 (Rozière, n° 10); formules de Rozière, n°ˢ 460 bis, 499, 502 bis, 886, ou *Merkelianae* dans Zeumer, pages 252-259 ; *Bignonianæ*, 13, dans Zeumer, p. 232, dans Rozière, n° 502 ; *Appendix ad Marculfum*, 3, dans Zeumer, p. 212, dans Rozière, n° 472 ; *Diplomata*, éd. Pardessus, n°ˢ 340 et 532. — Sur le *tribunus*, terme vague qui répondait peut-être à des attributions assez diverses, voir Grégoire de Tours, *Hist.*, VII, 23 ; X, 21 ; *Miracula Martini*, 1, 40 ; *De gloria confessorum*, 41. *Vita Columbani*, 34, 35, 36, dans les *Acta SS. ord. s. Benedicti*, II, 20 ; *Vita Germani a Fortunato*, 62, 68; *Vita Radegundis*, 38; Fortunati *carmina*, VII, 16 ; *Vita Dalmatii*, dans Bouquet, III, 420 ; *Vita Galli*, dans Pertz, *Script.*, II, p. 12 et la note ; *Diplomata*, n° 230, pages 208 et 214, n° 543, page 355. — Sur les *centenarii*, voir : *Childeberti decretio*, 9 ; *Chlotarii decretio*, 16; *Lex salica*, 44 et 46, éd. Behrend, p. 57 et 60 ; *Vita Eligii*, II, 60; *Vita Salvii*, dans Bouquet, III, 647 ; *Lex Alamannorum*, 36 ; *Diplomata*, t. II, p. 432 et 475. — M. Sohm, *Reichs und Gerichts Verfassung*, p. 215-219, 237, a essayé d'établir l'identité entre le *vicarius*, le *tribunus*, le *centenarius* ; mais ses raisonnements nous semblent peu sûrs et il ne s'appuie pas sur des textes; il y a même des textes qui sont formellement opposés à sa théorie.

2. Pour la nomination des ducs et comtes par le roi, voyez : Grégoire de Tours, *Hist.*, IV, 40 ; IV, 42 ; V, 49 ; VIII, 18 ; *Vita Desiderii cat. ep.*, I ; *Vita Licinii*, dans Bouquet, III, 486 ; et surtout la formule de Marculfe, I, 8, Rozière, n° 7. — Pour leur révocation, voyez des exemples dans Grégoire de Tours, *Hist.*, IV, 24 ; IV, 44 ; V, 14 ; V, 48 ; VIII, 18 ; IX, 7 ; IX, 14. — Nous ne parlons pas ici des *missi a latere, missi regales, missi discurrentes*, parce qu'il ne sera pas question d'eux, sauf une exception, dans nos diplômes d'immunité.

centeniers paraissent avoir été nommés par les comtes, dont ils étaient les délégués[1]. Les ducs et les comtes recevaient directement les ordres du roi ; les vicaires et centeniers recevaient les ordres du comte[2]. Tous représentaient l'autorité royale vis-à-vis des populations.

Le terme général, dont on désignait les membres de cette vaste hiérarchie administrative, était celui de *judices*. Ce terme venait de l'empire romain où il avait désigné les gouverneurs des provinces. Il resta usité dans toute la période mérovingienne. Quand nous rencontrons le mot *judex* dans les lois ou dans les textes historiques, il ne faut pas croire qu'il s'agisse simplement d'un magistrat de l'ordre judiciaire, moins encore d'un homme privé qui serait investi temporairement du droit de juger. Le *judex* est un duc, un comte, un *vicarius* ou un centenier, c'est-à-dire un agent de l'administration[3]. Les textes l'appellent souvent *judex*

1. L'opinion contraire a été soutenue, surtout en ce qui concerne le *centenarius* ou *tunginus,* par Waitz, *Deutsche Verfassungsgeschichte,* t. II, p. 36 de la 2ᵉ édition ; Schulte, *Hist. du droit et des inst. de l'Allemagne,* trad. Fournier, p. 115 ; Thonissen, *l'Organisation judiciaire de la loi salique,* pages 56-60 de la 2ᵉ édition. Je ne puis pas partager cette opinion. Sur le sens des mots *electi centenarii* du décret de Clotaire, voyez l'explication ingénieuse et que je crois vraie de M. Sohm, *Reichs und Gerichts Verf.,* p. 188-189 et 241. — Il n'y a aucun texte qui présente le centenier comme « un élu du peuple, » comme « un chef populaire. » On le voit, au contraire, figurer sur la liste des fonctionnaires et agents royaux : Ille rex... ducibus, comitibus, domesticis, vicariis, centenariis, vel (et) omnibus agentibus nostris (*Appendix ad Marculfum,* 45, Rozière, nᵒ 31, Zeumer, p. 301) ; Ille rex... ducibus, comitibus, vigariis, centenariis vel omnibus agentibus (Rozière, nᵒ 10, Zeumer, p. 111) ; Ille rex... magnificis viris ducibus, comitibus, vigariis, centenariis seu vassos nostros vel omnes missos nostros discurrentis (*App. ad Marc.,* 35, Rozière, nᵒ 23, Zeumer, *cartæ senonicæ,* p. 200). On compte le centenier parmi les *ministeriales regis* (1ᵉʳ capitulaire de 802, c. 40) ou encore parmi les *ministri comitum* (concile de Châlon de 813, c. 21). Je crois que les centeniers sont compris dans les *quoscunque per regionem sibi commissam (comites) instituunt,* dont il est parlé dans la *præceptio Guntramni,* édit. Boretius, p. 12. Ils sont compris aussi, à notre avis, parmi les *juniores comitum* dont il sera question très souvent dans nos diplômes.

2. Voir sur ce point une curieuse formule d'ordre adressé par le comte au *vicarius,* dans le recueil de Rozière, nᵒ 886, ou dans Zeumer, p. 259.

3. Le plus souvent, dans la langue du viᵉ et du viiᵉ siècle, le terme *judex* s'applique spécialement au comte. Judex hoc est comes aut grafio (*Capit. addita legi salicæ,* dans Pertz, *Leges,* t. II, p. 3, Behrend, p. 91, Merkel, p. 36). Judicem fiscalem quem comitem vocant (*Lex Ripuaria,* 53). In cujuslibet judicis pago (*Decretio Childeberti,* 4). Dans l'édit de Gontran (*Capitularia,* éd. Boretius, p. 12), le mot *judices* désigne visiblement les comtes, puisqu'il est

publicus, ce qui ne signifie pas autre chose que juge royal ou agent royal[1]. Les rois disent indifféremment *judices publici* ou *judices nostri*[2]. Les mêmes hommes sont désignés par les mots *agentes nostri,* nos agents, les agents du roi[3], de même que les évêques ont leurs agents ou intendants, *agentes episcoporum,* de même que les riches propriétaires ont leurs agents qui administrent leurs domaines, *agentes potentum*[4]. Ces termes, appliqués aux ducs, comtes et centeniers mérovingiens, corres-

dit qu'ils ont une *regio sibi commissa* et qu'ils nomment des *vicarii.* Dans Grégoire de Tours, *Hist.,* VI, 8, le même personnage est appelé *judex* et *comes ;* ailleurs, IV, 47, le comte d'Auvergne est appelé *judex ;* le comte de Poitiers, Macco, est qualifié tantôt *comes,* tantôt *judex* (X, 15) ; de même, dans les *Vitæ Patrum,* VIII, 9. Le *judex loci* dont le même écrivain parle (IV, 18 et V, 50) est le comte de Tours dans un cas, le comte de Bourges dans l'autre. Le *judex civitatis* dans la *Vita s. Lupi Cabillonensis,* c. 7, est le comte de Châlon. Voyez d'autres exemples dans Fortunatus, *Carm.,* X, 22. *Vita Albini,* 16 ; *Vita Fidoli,* 18 ; *Vita Walarici,* 8 ; *Vita Desiderii Viennensis,* 6. Quelquefois aussi le terme *judex* a un sens plus général et s'applique à tous les agents de l'administration ; centenarium aut quemlibet judicem (*Decretio Childeberti,* 9); in præceptionibus quas rex ad judices pro suis utilitatibus dirigebat (Grégoire de Tours, *Hist.,* VI, 46).

1. Dans la langue mérovingienne, le mot *publicus* se dit de tout ce qui appartient au roi. *Villa publica* est un domaine royal. *Persona publica,* dans l'édit de Clotaire II, art. 5, est un homme ou une femme appartenant au roi. *Publica functio* est l'impôt qui est payé au roi (Grégoire de Tours, *Hist.,* V, 27). *Sacellum publicum* est le trésor royal (*Diplomata,* n° 433). *Servitium publicum* signifie le service du roi (Grégoire de Tours, *Hist.,* III, 15). De même l'expression *judices publici,* qui revient très fréquemment chez les écrivains et dans les diplômes, signifie les agents et officiers du roi. Elle est synonyme de *judex fiscalis* que l'on rencontre dans la *Lex Ripuaria* et qui désigne visiblement le comte. Elle s'oppose tantôt à *judices privati,* tantôt à *judices ecclesiastici* qui sont les agents des grands propriétaires ou des évêques.

2. Voyez un diplôme de 683, n° 402, où les mots *a judicibus nostris* tiennent la place qu'occupent dans les diplômes semblables les mots *a judicibus publicis.*

3. Clericis nullam requirant agentes publici functionem (Constitutio Chlotarii, c. 11; Boretius, *Capitularia,* p. 19). — Chlotarius rex omnibus agentibus tam praesentibus quam futuris (*Diplomata,* n° 337; cf. n°˙ 258, 264, 270, 279, 281, 285, etc.). — Chilpericus mittit nuntios comitibus ducibusque et reliquis agentibus (Grégoire de Tours, *H. Fr.,* VI, 19). — Ille Rex omnibus agentibus (Marculfe, I, 11). — Judices vel agentes nostri (*Diplomata,* n° 319). — De même le mot *actio* désigne une fonction administrative : Marculfe, I, 8 ; Grégoire de Tours, VIII, 12 ; Concile de Paris de 614, c. 15 ; pour dire destituer un comte on disait *removere ab actione* (Grégoire, V, 48); lui continuer sa fonction se disait *renovare actionem* (Id., IV, 42).

4. Edictum Chlotarii, c. 20 : Agentes episcoporum aut potentum; dans l'art. 15 du même édit (Boretius, p. 22), les *agentes ecclesiarum seu potentum* sont opposés aux *agentes publici* qui sont visiblement les fonctionnaires du roi.

pondent exactement à l'expression d'officiers du roi qu'employait
le xviie siècle. Dans notre langue actuelle le mot qui s'approche
le plus pour le sens du terme *judices* de la langue mérovingienne, est celui de fonctionnaires.

Ces hommes étaient chargés d'administrer les cités et les
cantons, au nom du roi et pour son service. Ce qu'on enten-
dait alors par administration, ce n'était pas le soin de veiller
sur les intérêts moraux ou matériels des populations, d'entretenir
des routes ou des écoles. L'administration, *judiciaria potestas*[1],
comprenait la police, la justice[2], la perception des impôts[3], la
levée et le commandement des soldats[4]. Tout cela était réuni
dans les mains du même fonctionnaire. Dans la circonscription
que le roi lui confiait, il était à la fois l'administrateur, le juge,
le receveur des impôts et le chef militaire. Dans chacune de ces
attributions, il agissait à sa guise et comme maître, n'ayant de
comptes à rendre qu'au roi. Les documents ne montrent jamais
qu'il existât à côté de lui aucun pouvoir légal pour restreindre
son autorité ou contrôler ses actes. Nous apercevons bien que
dans la pratique il avait besoin de ménager les grands propriétaires du canton et surtout les évêques; mais nous n'apercevons
jamais qu'il y eût rien à côté de lui qui ressemblât à une assemblée provinciale ou cantonale. Contre ses actes arbitraires, la
population n'avait qu'une ressource, le recours au roi; mais on
conçoit que cette ressource ne fût permise qu'aux plus grands et
aux plus riches; d'autant plus qu'une foule d'exemples nous
donnent à penser que pour obtenir d'être jugé par le roi, il fallait
avant toute chose lui offrir des présents[5]. Le duc, le comte, le
centenier pouvait donc être un petit tyran local. Il pouvait opprimer comme juge, opprimer comme receveur des impôts, opprimer
comme chef militaire[6]. L'omnipotence du comte était d'autant

1. Dans la langue mérovingienne, les mots *judiciaria potestas* s'appliquent à
toute fonction publique conférée par le roi : Ducibus, comitibus, seu quacum-
que judiciaria potestate praeditis (*Diplomata*, n° 306 et *passim*).

2. Grégoire de Tours, *H. Fr.*, V, 49; VI, 8; VIII, 18.

3. Marculfe, I, 8 (Rozière, n° 7). Grégoire de Tours, *H. Fr.*, VII, 23; X, 7;
X, 21; *De gloria confess.*, 41. — Diplôme de Chilpéric II aux Archives nationales, K 3, 18, Tardif, n° 47 : Ubicumque teloneus, portaticus, vel reliquae
redibutiones a judicibus publicis exigitur.

4. Grégoire de Tours, VI, 19; VII, 29; X, 3.

5. Grégoire de Tours, *H. Fr.*, IV, 47; VIII, 43; X, 21. Vita S. Rigomeri,
dans dom Bouquet, III, 427.

6. Il pouvait surtout abuser de l'amende appelée hériban. Voyez quelques

plus grande que tous les fonctionnaires inférieurs étaient choisis par lui et par conséquent à sa dévotion. C'est ce qui ressort bien de cette prescription du roi Gontran qui défend aux comtes « de choisir pour vicaires ou de déléguer dans les diverses parties du comté des hommes qui, par vénalité, soient de connivence avec les malfaiteurs[1]. »

Quant aux comtes eux-mêmes, leur cupidité était pour ainsi dire excusable. Ils avaient acheté, le plus souvent, leur fonction au roi[2]. Comme d'ailleurs ils ne recevaient aucun traitement, et qu'ils n'avaient, pour s'enrichir et pour entretenir leur nombreuse suite, qu'une part des amendes judiciaires et des produits fiscaux, ils avaient intérêt à ce que la justice fût très sévère, les impôts très lourds, le service militaire très rigoureux. Tous les abus de pouvoir étaient pour eux des profits.

On peut voir dans Grégoire de Tours une série de traits qui montrent l'avidité et la violence de presque tous ces personnages, à qui les évêques seuls osaient tenir tête[3]. Nous avons une lettre d'un évêque qui redoute pour ses terres et pour ses esclaves « les déprédations des fonctionnaires[4]. » Ce que les rois eux-mêmes pensaient d'eux, nous pouvons le lire dans leurs ordonnances. Clotaire Ier parle du comte « qui condamne injustement[5]. » Gontran croit nécessaire de prescrire à ses comtes « de ne rendre que de justes jugements, » et il craint que leurs vicaires « ne prêtent la main aux criminels et ne s'enrichissent de dépouilles injustes[6]. » Un autre roi menace de la peine de mort les fonction-

---

exemples dans Grégoire de Tours, *H. Fr.*, V, 27; VII, 42. Cf. *Lex Ripuaria*, 65; *Diplomata*, t. II, p. 233.

1. Guntchramni praeceptio, dans Boretius, *Capitul.*, p. 12. Pertz, *Leges*, I, 3. Cf. Capitulaire de 884 : comes praecipiat suo vicecomiti suisque centenariis. Concile de Chalon de 813, c. 21 : Comites... ministros quos vicarios et centenarios vocant, justos habere debent. — Sur la subordination du *vicarius* au comte, voy. Rozière, n° 886; Zeumer, p. 259.

2. Grégoire de Tours, *H. Fr.*, IV, 42; VIII, 18.

3. Grégoire de Tours, *H. Fr.*, III, 16; IV, 40; V, 48, VIII, 43, etc.

4. Epistola Rauracii episcopi ad Desiderium (Bouquet, IV, 44) : Ut de judicum infestatione liceat eis vivere cum quiete.

5. Constitutio Chlotarii, 6 : Si judex aliquem contra legem injuste damnaverit, in nostri absentia ab episcopis castigetur (édit. Boretius, p. 19).

6. Guntramni edictum (Boretius, *Capitul.*, p. 12) : Cuncti judices justa studeant dare judicia; non vicarios aut quoscumque de latere suo per regionem sibi commissam instituere praesumant qui malis operibus consentiendo venalitatem exerceant, aut iniqua quibuscumque spolia inferre praesumant.

naires qui, par cupidité, relâcheraient les coupables [1]. Dans leurs diplômes, on voit sans cesse les rois défendre à leurs agents de dérober [2], d'usurper la terre d'autrui [3], de susciter d'injustes procès [4]. D'après ce que les rois pensaient de leurs propres officiers, nous pouvons juger ce qu'en pensaient les peuples.

En résumé, puissance absolue et illimitée du roi dans le royaume, du fonctionnaire dans sa circonscription, nulle borne légale ni pour l'un ni pour l'autre, nul droit assuré aux populations contre leurs gouvernants à tout degré, le fonctionnaire apparaissant aux hommes, non comme un protecteur, mais comme un spoliateur qui ne peut s'enrichir qu'à leurs dépens, voilà les faits qui précèdent et entourent l'immunité, qui peut-être l'engendrent. C'est de ce milieu qu'elle surgit. Nous reconnaîtrons, en effet, dans la suite de cette étude, que ce privilège personnel ne pouvait naître que dans un régime où les libertés publiques faisaient défaut.

III.

Le plus sûr moyen de nous faire une idée exacte de l'immunité est d'analyser l'un des documents qui la définissent de la façon la plus complète. Prenons la formule qui, dans le recueil de Marculfe, porte le n° 3. On peut la regarder comme le type le plus usité de ce genre de concession au VIIe siècle.

En voici d'abord le préambule : « Nous croyons donner à notre autorité royale toute sa grandeur, si nous accordons, d'une intention bienveillante, aux églises — ou à toute personne — les bienfaits qui leur conviennent, et si, avec l'aide de Dieu, nous en faisons un écrit qui assure la durée de nos faveurs. Nous faisons donc savoir à votre zèle que, sur la demande de l'homme apostolique, seigneur un tel, évêque de telle église, nous lui avons accordé, en vue de notre récompense éternelle, la faveur suivante [5]. » Ce préambule n'est pas sans importance, et il faut l'étudier presque mot par mot.

1. Decretio Childeberti, art. 7 (édit. Boretius, p. 17).
2. Ut nulli judicum licentia sit aliquid defraudare (*Diplomata*, n° 270).
3. *Diplomata*, n°ˢ 111, 341, 372, 531.
4. Nullam calumniam generare praesumatis (*ibidem*, n° 441).
5. Marculfe, I, 3 (Rozière, n° 16 ; Zeumer, p. 43) : Maximum regni nostri augere credimus monimentum, si beneficia opportuna loca ecclesiarum, aut cui volueris

« Nous croyons. » C'est manifestement le roi qui parle. Tous nos diplômes, en effet, commencent par le nom du roi et par ses deux titres officiels, *Rex Francorum, vir illuster*. Il est digne de remarque que tous les diplômes d'immunité émanent du roi directement, et du roi seul. Jamais l'immunité n'est accordée par un duc ni par un comte. Elle est exclusivement un acte royal. Il n'est jamais dit non plus qu'elle soit concédée sur l'initiative ou le conseil d'un de ces hauts fonctionnaires. Le consentement des grands de la cour, qui semble nécessaire pour d'autres actes, n'est jamais mentionné dans ceux-ci[1]. Le roi est le seul auteur de la concession.

Nous remarquons, en second lieu, que cette concession se produit toujours sous la forme d'un acte officiel. Elle ne se fait pas verbalement ou par simple lettre. L'acte est une véritable ordonnance royale. On l'appelle une *auctoritas* ou un *prœceptum*[2]. Ne supposons pas que cet acte soit rédigé par l'évêque intéressé, apporté tout fait par lui, présenté par lui à la signature royale. Il est rédigé dans les bureaux du palais, et présenté au roi par le référendaire, qui y appose son nom comme pour en conserver la responsabilité[3]. Puis il est signé du roi et scellé de l'anneau royal comme tout autre décret[4].

dicere, benivola deliberatione concedimus ac, Domino protegente, stabiliter perdurare conscribimus. Igitur noverit sollertia vestra nos ad petitionem apostolico viro domino illo, illius urbis episcopo, talem pro aeternam retributionem beneficium visi fuimus concessisse ut...

1. Quelques actes portent plusieurs signatures d'évêques ou de comtes; mais ces actes ne sont pas parmi les plus authentiques.

2. Praesens auctoritas (Marculfe, I, 3). — Haec auctoritas (Marculfe, I, 4). — Ut haec auctoritas firmiorem habeat vigorem (Diplôme de 528, n° 111). — Per propriam nostram auctoritatem (Dipl. de 637, n° 281). — Huic nostrae auctoritatis decreto (Dipl. de 661, n° 341). —Hac auctoritate concedimus (Dipl. de 683, n° 402). — Per praesentem praeceptum (Dipl. de 546, n° 144). — Praeceptum decreti nostri (Dipl. de 635, n° 270). — Per hoc praeceptum decernimus (Dipl. de 682, n° 400). — Per hunc praeceptum jubemus (Dipl. de 716, n° 495). — Per praesente praeceptione decernimus urdenandum (Dipl. de Childebert III, aux Archives nationales, Tardif, *Monum. historiques*, n° 41).

3. Nordebertus obtulit (Dipl. de Childebert III pour Tussonval); Sygobaldus jussus obtulit (Dipl. de Childebert III pour Saint-Maur); Actulius jussus optulit (Dipl. de Chilpéric II pour Saint-Denis); Chrodebertus recognovit (Dipl. de Chilpéric II pour le même monastère). Archives nationales, K 3, 10; K 3, 12³; K 3, 17; K 3, 18.

4. Marculfe, I, 3 : Et ut praesens auctoritas tam praesentis quam futuris temporibus inviolata permaneat, manus nostrae subscriptionibus infra roborare decrevimus. Cette phrase se retrouve dans presque tous les diplômes.

« Si nous accordons, d'une intention bienveillante, des bienfaits aux églises. » Cette phrase de la formule n'est pas un pur ornement, une élégance de chancellerie. Elle a, à notre avis, une grande importance. Elle signifie que la concession est absolument bénévole de la part du roi. On peut voir, en effet, dans tous les diplômes, que l'immunité n'est jamais présentée comme un droit des églises. Elle est toujours une faveur, *beneficium*[1]. Elle émane de la seule bonté du roi, *ex nostra indulgentia, ex nostra munificentia*[2]. Les rédacteurs des actes multiplient à dessein les expressions qui marquent l'initiative propre du roi et sa volonté d'accorder un bienfait[3]. Souvent le roi donne comme motif de ce bienfait sa piété ou le soin de son salut[4]. Il écrit, par exemple : « Pensant au salut de notre âme et à la récompense éternelle, nous avons décidé[5]. » Ces phrases sont là, à notre avis, pour signifier que le roi agit de son plein gré, sans pression ni obligation d'aucune sorte, surtout sans aucun motif d'ordre temporel. L'immunité n'est toujours, d'après la formule acceptée de tous, qu'une faveur.

Aussi lisons-nous, deux lignes plus loin, dans la formule de Marculfe : « A la demande de tel évêque, nous avons accordé. » Il faut bien que ce mot « demande » ait eu une grande importance, car nous le trouvons dans tous les diplômes[6]. Nous saisis-

---

1. Ce terme *beneficium*, qui est dans la formule de Marculfe, se retrouve dans presque tous les diplômes d'immunité : Tale nos praestitisse beneficium (Diplôme de 660, n° 337); tale beneficium concessimus ut (Diplôme de 682, n° 400); ipsa beneficia concessa (Diplôme de 718, n° 507). Quand le mot *beneficium* ne se trouve pas, il y a un synonyme; les termes *indulsimus, indultum* reviennent sans cesse.

2. Diplômes de 635, n° 270; de 661, n° 341, etc.

3. Gratanti animo nos praestitisse (Diplôme de 546, n° 144); libenti animo (Dipl. de 528, n° 111); nos promptissima voluntate concessisse (Dipl. de 637, n° 281); plena et integra voluntate visi fuimus concessisse (Dipl. de 673, n° 368).

4. Marculfe, I, 3, in fine : Quod nos propter nomen Domini et animae nostrae remedium indulsimus.

5. Diplôme de 627, n° 242 : De remedio animae nostrae et de futura retributione cogitantes. — Diplôme de 632, n° 258 : Pro divini cultus amore et animae nostrae remedio. — Diplôme de 705, n° 463 : Pro coelesti amore vel pro aeterna retributione.

6. Cujus petitionem (Diplôme de 528, n° 111). — Si petitionibus sacerdotum (Dipl. de 539, n° 136; Dipl. de 673, n° 368; Dipl. de 683, n° 402; Dipl. de 692, n° 428; Dipl. de 696, n° 436; Dipl. de 724, n° 531). — Sacerdotum rectis petitionibus annuentes (Dipl. de 632, n° 258). — Inter caeteras petitiones (Dipl. de 637, n° 281; Dipl. de 635, n° 270; Dipl. de 661, n° 341; Dipl. de 716, n° 495). — Hujus viri sancti petitione suscepta (Dipl. de 661, n° 341).

2

sons encore ici l'un des caractères de la concession d'immunité : il faut qu'elle ait été réellement et expressément demandée par le concessionnaire, et le diplôme ne manque pas de constater que cette condition a été remplie[1]. Ainsi Childebert Ier écrit que Cariléphus, premier abbé de Saint-Calais, lui a adressé une demande, *postulavit*[2]. Dagobert écrit que l'évêque Modoald lui a adressé une prière, *deprecatus fuit*, ou que l'abbé Aigulfe a supplié sa bonté royale, *clementiam regni nostri supplicavit*[3]. Au siècle suivant, Chilpéric II se sert encore des mêmes expressions[4]. Quelquefois on ajoute que la demande a été faite « humblement[5]. »

La règle ordinaire était que la demande fût adressée par le pétitionnaire en personne ; ainsi l'évêque ou l'abbé devait se présenter lui-même devant le roi[6]. Pourtant, il n'est pas sans exemple que l'évêque ou l'abbé transmît sa demande par des envoyés[7]. Cette obligation de se présenter en solliciteur devant le roi, ou tout au moins de lui envoyer une supplique, me paraît digne d'attention. Menus détails, dira-t-on peut-être, et pures formes ; mais c'est l'ensemble de ces détails et de ces formes qui nous donnera l'explication de l'immunité.

« Si nous accordons des bienfaits aux églises — ou à toute

1. Magnoaldus abba petiit celsitudinem nostram ut (Diplôme de 696, n° 436). — Quod poposcitis, quia digna est petitio et postulatio vestra (Dipl. de 697, n° 444). — Nos precibus tanti viri aurem accommodantes (Dipl. de 673, n° 367).

2. Diplôme de 528, n° 111.

3. Diplôme de 632, n° 258 : Praesul Modoaldus deprecatus fuit sublimitatem nostram ut..... — Diplôme de 637, n° 281 : Aigulfus abba clementiam regni nostri supplicavit. — Diplôme de 674, n° 372 : Siviardus abba supplex clementiae regni nostri expetiit ut.....

4. Diplôme de 716, n° 495 : Chillardus abbas de basilica peculiaris patroni nostri Dionysii clementiae regni nostri supplicavit.

5. Amandus episcopus humiliter petiit (Diplôme de 637, n° 280). — Humiliter deprecatus est (Diplôme de 638, n° 291).

6. Diplôme de 638, n° 291 : Blidegisilum nostrae sublimitatis praesentiam advenisse. — Diplôme de 691, n° 417 : Venerabilis vir Bertinus abba... ad nostram accessit praesentiam. — Diplôme de 705, n° 463 : Venerabilis vir Theodebertus abba ad nostram accessit praesentiam et clementiae regni nostri suggessit ut..... — Diplôme de 721, n° 515 : Venerabilis vir Erkembodus abba ad nostram accedens praesentiam. — Diplôme de 743, n° 599 : Episcopus Dubanus ad nos venit.

7. Diplôme de 546, n° 144 : Daumerus abba, missa petitione, clementiae regni nostri suggessit. — Diplôme de 562, n° 168 : Gallus abba, missa petitione. — Diplôme de 692, n° 428 : Ibbolenus abba per missos clementiae regni nostri detulit in notitiam.

personne, *aut cui volueris dicere*. » Ces derniers mots forment dans le texte de Marculfe une parenthèse. Comme il écrit une formule qui doit pouvoir s'appliquer à plusieurs sortes de concessionnaires, il avertit son lecteur ou le praticien pour lequel il écrit que le mot *églises* devra être remplacé par un autre terme, si ce n'est pas une église qui est concessionnaire. Cette parenthèse de Marculfe est significative; elle marque que la concession pouvait être faite à des personnes de toute sorte, *cui volueris*.

Il est vrai que tous les diplômes d'immunité qui nous sont parvenus des Mérovingiens s'appliquent à des évêchés ou à des monastères. Il n'en faut pas conclure que la concession n'ait jamais été faite à des laïques. L'église savait garder ses chartes et les faisait renouveler à chaque génération; les grandes familles laïques gardaient moins bien les leurs, et d'ailleurs ces familles se sont éteintes. Ce qui prouve que l'immunité pouvait être accordée à d'autres qu'à des clercs, c'est que nous trouvons dans le recueil de Marculfe la formule de l'immunité accordée à un laïque[1]. L'acte est rédigé avec moins de détails que lorsqu'il s'agit d'une église; mais les traits essentiels et caractéristiques de l'immunité s'y rencontrent. Nous avons aussi la formule de renouvellement d'immunité en faveur des laïques, *ad seculares viros*, et nous pouvons remarquer qu'elle est exactement sur le même type que les formules de renouvellement qui concernent l'église[2]. La différence la plus notable est que le roi donne pour motif de son bienfait, non plus sa piété et le salut de son âme, mais la fidélité du concessionnaire[3].

Quelques autres documents confirment ces deux formules. Dans la Vie de saint Éloi, écrite par un contemporain qui était fort au courant des usages de la cour mérovingienne, nous voyons que

---

1. Marculfe, I, 14 (Rozière, n° 147; Zeumer, p. 52). Dans cette formule il s'agit d'une donation de terre avec immunité. L'immunité est bien marquée par ces mots : *in integra emunitate, absque ullius introitu judicum de quaslibet causas freda exigendum.*

2. Marculfe, I, 17 (Rozière, n° 152). La phrase *si petitionibus fidelium* remplace la phrase ordinaire *si petitionibus sacerdotum*. La requête du concessionnaire est mentionnée dans les mêmes termes : Illustris vir ille clementiae regni nostri suggessit... petiit ut. La faveur toute bénévole du roi est marquée dans les mêmes formes : Cujus petitionem gratanti animo nos praestitisse cognoscite. L'acte s'appelle aussi une *auctoritas*.

3. Pro fidei suae respectu (ibidem). Une autre différence est que l'immunité ne s'étend pas, comme pour les églises, à tous les domaines qui seront acquis à l'avenir.

l'immunité fut accordée à un domaine de ce personnage, alors qu'il était encore laïque[1]. Dans un acte de donation fait par Harégarius et sa femme Truda, nous lisons que le domaine de ces deux laïques jouissait d'une pleine et entière immunité[2]. Plus tard, au IXe siècle, nous verrons des diplômes d'immunité qui sont accordés, non plus seulement à de grands seigneurs propriétaires, mais à des marchands et même à des Juifs. On doit donc admettre que l'immunité n'était pas réservée aux églises et aux abbayes. Elle pouvait être accordée à toute classe de personne.

« Nous faisons savoir à votre zèle, *noverit solertia vestra.* » Ces mots de la formule de Marculfe sont ceux dont les rois se servaient quand ils s'adressaient à leurs fonctionnaires. Nous retrouvons les mêmes termes ou des termes analogues dans tous les diplômes. Dans la langue de ce temps, on disait au roi : *Vestra Sublimitas*, *Vestra Gloria,* aux évêques, *Vestra Sanctitas*, aux fonctionnaires du premier rang, *Vestra Magnitudo*, aux fonctionnaires du second ordre, *Vestra Industria*, *Vestra Solertia*, *Vestra Utilitas*. Ces trois mots de la formule de Marculfe nous indiquent donc que la lettre royale est adressée à des fonctionnaires publics. Cela est d'ailleurs confirmé par les mots *non præsumatis* qui se trouvent plus loin. Il en est ainsi de tous nos diplômes. La plupart ont encore la phrase initiale que Marculfe a omise : « Un tel, roi des Francs, aux ducs, comtes, vicaires, centeniers, et à tous nos agents[3]. » Dans les

---

1. Vita S. Eligii ab Audoeno, I, 15. — De même nous remarquons dans le diplôme 292 que Blidégisile est simple diacre et que c'est comme particulier qu'il reçoit, avec une terre, le privilège d'immunité.

2. *Diplomata*, n° 108 : Charta Haregarii et Trudae conjugis... nullas functiones, vel exactiones, neque exsquisita et lauda convivia, neque gratiosa vel insidiosa munuscula, neque caballorum pastus atque paravereda vel angaria aut in quodcunque functionis titulum judiciaria potestate dici potest... sub integra emunitate sicut a nobis hucusque possessa est. — Il y a dans Marculfe une formule de donation *de magna re*, c'est-à-dire d'un grand domaine, à un monastère ou à une église, et nous y lisons que le donateur, lequel est certainement un laïque, cède sa terre, remota officialium publicorum omnium potestate, sub integra immunitate, sicut a me possessa est (Marculfe, II, 1 ; Rozière, n° 571, p. 720 ; Zeumer, p. 72). Cette formule donne à penser que l'immunité accordée à la terre d'un laïque n'était pas rare.

3. Chlotarius rex Francorum vir illustris omnibus episcopis et illustribus viris ducibus, comitibus, domesticis, vicariis, grafionibus, centenariis vel (et) omnibus junioribus nostris (Diplôme de 539, n° 136). — Dagobertus... ducibus, comitibus, domesticis, et omnibus agentibus (Diplôme de 632, n° 258). — Hil-

diplômes où cette phrase a été omise par les copistes ou a disparu, on rencontre dans le texte les mots *cognoscat magnitudo seu utilitas vestra* qui indiquent clairement que le roi s'adresse à ses fonctionnaires[1]. Il est digne de remarque que le roi, quand il accorde l'immunité à un personnage, n'adresse jamais sa lettre à ce personnage. Il parle toujours, comme dans toute ordonnance royale, aux agents de son administration[2]. Il est vrai que c'est au concessionnaire que l'exemplaire original était remis[3]; il n'est pas bien sûr que des copies en fussent envoyées aux ducs et aux comtes; je doute même qu'on en conservât copie dans les archives du roi[4]. Il n'en est pas moins vrai que la concession d'immunité avait toujours la forme, non d'une lettre adressée au privilégié, mais d'un ordre prescrit aux fonctionnaires royaux; et nous verrons aussi que c'étaient eux que l'acte visait.

Nous avons encore à faire une remarque sur cette phrase de la formule de Marculfe : « A la demande de l'homme apostolique,

dericus viris illustribus ducibus seu comitibus (Dipl. de 665, t. II, p. 424). — Quelquefois le roi emploie la formule plus courte *omnibus agentibus* (Dipl. de 660, n° 337; de 692, n° 428; de 705, n° 463; de 712, n° 482). — Parfois l'acte royal est adressé à un seul duc ou comte; c'est que les domaines sur lesquels on accorde l'immunité sont situés dans un seul duché ou comté (Dipl. de 635, n° 268; de 638, n° 291) ; autrement le roi s'adresse à tous les fonctionnaires du royaume, au moins à tous ceux dans le ressort desquels l'immuniste possède des biens, *in quorum actionibus habet* (Dipl. de 721, n° 515; de 743, n° 570). — Souvent le diplôme est adressé aux évêques en même temps qu'aux comtes; dans ce cas, il s'agit ordinairement de monastères, lesquels avaient à se prémunir autant contre les évêques que contre les officiers du roi.

1. Cognoscat magnitudo seu utilitas vestra (*Diplomata*, n°ˢ 281, 337, 368, 402, 463, 495, etc.). — Cognoscat industria vestra (n° 268). — Cognoscat strenuitas vestra (n° 336). — Cognoscat magnitudo seu industria vestra (n° 337). — Voyez encore les n°ˢ 144, 400, 441, 463. — Deux ou trois fois, ces mots mêmes ont disparu, mais on trouve alors le mot *cognoscite*, qui ne peut se rapporter qu'aux agents du roi.

2. Je ne vois d'exception à cette règle que la lettre de Clovis à Euspice et à Maximin (*Diplomata*, n° 87). Il y a aussi une lettre de Childebert III adressée à l'abbé Ephibius; mais cette pièce, fort différente de tous nos diplômes, est jugée très suspecte par Pardessus. Sauf ces deux cas, toute concession d'immunité est adressée aux fonctionnaires royaux.

3. Ideo has litteras nostra manu firmatas domino Johanni dedimus (Diplôme de 497, n° 58). — Litteras meas mea manu firmatas eidem dedimus (Dipl. de 743, n° 499).

4. Si les rois avaient gardé la copie ou la minute, il n'aurait pas été nécessaire que les concessionnaires représentassent l'original à chaque changement de règne, ainsi que nous le voyons dans les diplômes de confirmation.

seigneur un tel, évêque de telle église, nous avons accordé la faveur suivante. » On reconnaît bien ici que la concession est donnée nommément à l'évêque. Elle s'applique, il est vrai, à toutes les terres et domaines appartenant à son église. Mais ce n'est pas la terre d'église qui obtient l'immunité, c'est l'évêque. Si ces terres deviennent privilégiées, ce n'est pas parce qu'elles sont des biens ecclésiastiques, mais seulement parce que l'évêque, qui en est le propriétaire légal, a adressé une prière et a sollicité une faveur. Ce trait ne doit pas être négligé. Nous le rencontrons dans tous nos diplômes sans exception. Dans toute concession d'immunité, nous trouvons un nom propre, nom d'évêque ou d'abbé, et c'est toujours sur ce nom que porte la concession. Il n'y a jamais d'immunité collective. L'immunité n'est jamais accordée à l'ensemble des biens ecclésiastiques[1], ni même à plusieurs églises par le même diplôme, ni à plusieurs monastères à la fois, ni à une classe d'hommes, ni à une race, ni à une région. Elle est toujours accordée à une personne, et il faut toujours que cette personne soit nommée dans l'acte.

L'immunité avait ainsi le caractère d'une faveur tout individuelle. Était-elle viagère ou perpétuelle, c'est ce qu'il est assez difficile d'établir. D'une part, les diplômes sont remplis d'expressions qui impliquent la perpétuité. « Nous voulons que notre bienfait profite à toujours à cette église[2]. » « Nous voulons que notre décret dure à perpétuité, dans toute la suite des rois qui nous succéderont[3]. » Presque toujours on ajoute au nom de l'évêque les mots « et ses successeurs. » On écrit encore que les avantages de l'immunité s'étendront aux domaines que l'église ou le monastère acquerra dans l'avenir[4]. Que serait cette clause si la concession ne devait pas durer toujours?

---

1. L'article XI de la *Constitutio Chlotarii* ne vise que les églises et les clercs qui ont obtenu l'immunité, *qui immunitatem meruerunt*.

2. Ecclesiae proficiat in perpetuum (Marculfe, I, 3).

3. Quod perpetualiter mansurum esse jubemus (Marculfe, I, 14). — Hoc in perpetuo volumus esse mansurum (*Diplomata*, nᵒˢ 400, 436, 441, 486, 496, etc.).— Hoc perenniter maneat inconvulsum (Marculfe, I, 4). — Tam nobis praesentibus quam per tempora succedentibus regibus (*Diplomata*, nᵒ 341). — Tam nostris quam futuris temporibus (nᵒˢ 367, 402, 403, etc.).

4. Marculfe, I, 3 : In villabus ecclesiae quas moderno tempore habere videtur vel quas deinceps in jure ipsius sancti loci voluerit divina pietas ampliare. — Diplôme de 673, nᵒ 367 : Quod ad praesens in quibuslibet locis possidere videntur, seu quod adhuc inantea a christianis hominibus fuerit additum vel condonatum. — Cf. nᵒˢ 258, 270, 281, 403, etc.

Mais, d'autre part, la série des diplômes nous montre que l'on faisait renouveler l'acte à chaque génération. Était-ce une obligation stricte, on ne saurait le dire; c'était certainement un usage. L'immunité accordée au premier fondateur du monastère de Saint-Bertin a été renouvelée huit fois en l'espace d'un siècle [1]. Or, les nombreux diplômes confirmatifs que nous possédons, ainsi que les formules qu'en donne Marculfe [2], montrent par leur teneur qu'il ne s'agissait pas d'une pure formalité, que les rois ne se croyaient pas obligés de renouveler la concession, qu'ils exigeaient qu'on leur adressât une nouvelle demande et qu'ils s'exprimaient comme s'ils accordaient une nouvelle faveur [3]. Ainsi l'abbé Bertin eut à demander quatre fois l'immunité, parce qu'il vécut sous quatre rois; son successeur Erkembod l'obtint une première fois de Chilpéric II en 718, et dut la demander, à trois ans d'intervalle, à Thierri IV; d'où l'on peut conclure, à ce qu'il semble, que la concession, pour être valable, devait être renouvelée à la mort du roi qui l'avait accordée. Une remarque en sens contraire peut être faite sur les chartes du monastère d'Anisola; on y voit le même roi, Childebert Ier, accorder successivement deux diplômes d'immunité [4]; c'est qu'il y a eu deux abbés, Cariléphus d'abord, puis Daumerus. D'où il semble naturel de conclure que le privilège avait besoin d'être renouvelé, non seulement à la mort du roi qui l'avait signé, mais aussi à la mort du concessionnaire qui l'avait reçu.

Ainsi, d'une part, l'acte contient des termes qui indiquent que

---

1. Le premier diplôme a été donné par Clovis II; nous ne l'avons plus, mais il est cité dans un diplôme de 691 où il est dit qu'il en a été donné lecture (voyez le Cartulaire de Saint-Bertin, p. 35). Le second diplôme est de 662; il est dans les *Diplomata*, n° 343, et dans Guérard, *Cart. de Saint-Bertin*, p. 20; c'est proprement une autorisation d'échange de terres; mais la clause d'immunité s'y trouve à la fin. Puis la concession a été renouvelée par Childéric II, dont nous n'avons plus le diplôme, par Thierri III (*Diplomata*, n° 400; *Cartulaire*, p. 27); et elle l'a été successivement par Clovis III, Childebert III, Chilpéric II, Thierri IV et Childéric III (*Diplomata*, n°ˢ 417, 507, 515, 580; *Cartulaire*, p. 34, 42, 47, 51).

2. Marculfe, I, 4; I, 17.

3. Voyez particulièrement les diplômes de 632, n° 258, et de 691, n° 417.

4. Diplôme de 528, n° 111, Diplôme de 546, n° 144. — Pardessus croit que les deux diplômes sont authentiques; Sickel conteste le premier à cause de quelques mots et de quelques formes qui ne lui paraissent pas être de cette époque (Sickel, *Beiträge zur Diplomatik*, dans les comptes-rendus de l'académie de Vienne, juillet 1864, p. 188).

la concession est perpétuelle ; d'autre part, on demande sans
cesse le renouvellement de la concession, comme si elle était viagère. Cette contradiction n'étonnera pas ceux qui sont familiers
avec l'époque mérovingienne. Le roi qui accorde veut que son
bienfait dure à perpétuité ; mais le roi qui le suit tient à marquer
que l'immunité ne dure que parce qu'il la renouvelle. D'après la
lettre des diplômes, l'immunité est perpétuelle ; d'après la pratique, il semble bien qu'elle soit révocable. Il est vrai que nous
ne voyons pas souvent que le roi reprenne la concession faite
par ses prédécesseurs[1] ; mais à voir le soin des évêques et des
abbés à faire renouveler les diplômes, on reconnaît que l'idée qui
régnait dans les esprits était qu'il pouvait la reprendre. La raison de cela s'aperçoit bien si l'on fait attention à la teneur des
diplômes. Nous n'y lisons pas que la concession ait été accordée
parce que les terres sont des terres d'église ; cette raison n'est
jamais donnée ; elle a été accordée uniquement parce qu'elles
appartiennent à tel évêque ou à tel abbé qui a personnellement
demandé la concession. L'immunité est par essence une faveur,
un *beneficium* ; elle vient après une requête, *petitio*, *preces*,
qui a été personnelle ; il semble naturel aux hommes qu'elle soit
personnelle aussi. Que la personne meure, on se demande aussitôt si la faveur se continue ; on doute ; et dans le doute on renouvelle la requête, et le roi renouvelle la faveur. Il n'est pas
inutile de signaler ces idées et ces pratiques ; elles sont un des
traits caractéristiques des mœurs du temps, et elles ne sont pas
sans rapport avec les idées féodales qui commencent déjà à
poindre dans les esprits.

Nous en avons fini avec le préambule de la formule de Marculfe. Nous y avons déjà saisi quelques-uns des caractères de
l'immunité. 1° Elle est un acte exclusivement royal. 2° Elle doit
émaner de la libre volonté du roi, que le concessionnaire a dû
préalablement solliciter. 3° Elle se produit sous la forme d'une
ordonnance, que le roi adresse, non au concessionnaire, mais
aux fonctionnaires et agents de son administration. 4° Elle n'est
jamais accordée collectivement à un clergé, à une caste, à une

---

1. Je n'en connais d'autre exemple que celui que donne Grégoire de Tours en
parlant de Chilpéric (VI, 46) : ipsas patris sui praeceptiones saepe calcavit.
L'ensemble de la phrase indique qu'il s'agit de *praeceptiones in ecclesias cons-
criptae*, c'est-à-dire vraisemblablement de diplômes d'immunité.

classe; elle est toujours le privilège d'une personne, soit que cette personne représente un évêché ou un monastère, soit qu'il ne s'agisse que d'un individu laïque. 5° Cette concession conserve toujours la forme d'un pur bienfait, et n'est perpétuelle que par le renouvellement qu'on en fait à chaque décès du concédant ou du concessionnaire; l'immunité ne devient jamais un droit.

Tels sont les caractères, pour ainsi dire, extérieurs de l'immunité. Nous pouvons chercher maintenant quels en étaient les caractères intimes, en quoi elle consistait, de quels privilèges et de quels avantages elle se composait.

IV.

Voici la suite de la formule donnée par Marculfe[1] : « La faveur que nous accordons est telle que, dans les domaines de l'église de cet évêque, tant dans ceux qu'elle possède aujourd'hui que dans ceux que la bonté divine lui fera acquérir dans la suite, aucun fonctionnaire public ne se permette d'entrer, soit pour entendre les procès, soit pour exiger les *freda*, de quelque source qu'ils viennent, mais que cela appartienne à l'évêque et à ses successeurs en toute propriété. Nous ordonnons en conséquence que ni vous, ni vos subordonnés[2], ni ceux qui viendront après vous, ni aucune personne revêtue d'une fonction publique, vous n'entriez jamais dans les domaines de cette église, en

---

1. Marculfe, I, 3 (Rozière, n° 16) : ... tale beneficium ut in villabus ecclesiae domni illius quas moderno tempore aut nostro aut cujuslibet munere habere videtur, vel quas deinceps in jure ipsius sancti loci voluerit divina pietas ampliare, nullus judex publicus ad causas audiendo aut freda undique exigendum non praesumat ingredere ; sed hoc ipse pontifex vel successores ejus, propter nomen Domini, sub integrae emunitatis nomine valeant dominare.

2. Nous traduisons ainsi les mots *juniores vestri*. Dans la langue mérovingienne, *senior* signifie le supérieur, *junior* l'inférieur. *Juniores* s'appliquait particulièrement aux agents inférieurs de l'administration. Voici des exemples : Chlotarius rex ducibus, comitibus, domesticis, vicariis, grafionibus, centenariis, vel omnibus junioribus nostris (*Diplomata*, n° 136). — Theodoricus rex viris illustribus, gravionibus, seu et omnibus agentibus vel junioribus eorum (ibidem, n° 515). — Dans le Diplôme, n° 402, les mots *junioribus vestris* sont remplacés par *subditis vestris*, ce qui signifie littéralement vos subordonnés, les agents sous vos ordres. Nous avons vu en effet plus haut que les vicaires et les centeniers n'étaient que les subordonnés et les agents des comtes. *Juniores* était donc synonyme de *subditi*. — Dans Grégoire de Tours, V, 27, les mots *junioribus ecclesiae* désignent les serviteurs d'une église, ceux qu'on appelle ailleurs *homines ecclesiae*. De même dans le 1er concile de Paris, can. 4.

quelque endroit de notre royaume qu'ils soient situés, ni pour entendre les procès, ni pour percevoir les amendes. Nous vous défendons d'oser y exiger le droit de gîte et les prestations, ainsi que d'y saisir des répondants[1]. »

Dans cette page où chaque mot a son importance, il y a deux lignes qui dominent tout le reste, et dont il faut parler d'abord : « Nous accordons qu'aucun fonctionnaire public ne se permette d'entrer sur ces terres... Nous vous défendons, à vous, nos agents, de mettre le pied sur ces domaines. » C'est ici que se trouve le trait principal et ce qui fait le fond de l'immunité. Toutes les autres clauses peuvent être supprimées ou sous-entendues, et elles le sont en effet dans beaucoup de diplômes ; mais la clause qui interdit aux fonctionnaires l'entrée du domaine se trouve dans tous nos actes. Il n'y a pas d'immunité sans elle.

Cette interdiction est exprimée dans les chartes sous deux formes légèrement différentes. Tantôt le roi emploie la forme indirecte et dit qu'aucun agent de l'ordre administratif, *nullus judex publicus, neque quilibet judiciaria potestate accinctus*, n'entrera sur les domaines privilégiés[2]. Tantôt il emploie la forme directe, et s'adressant à ses ducs et à ses comtes, il leur dit : « Ni vous ni vos agents, *neque vos neque juniores vestri*, vous n'entrerez sur ces domaines[3]. » Nous trouvons la première forme dans dix-sept de nos diplômes, la seconde dans vingt-deux. Toutes les deux expriment la même chose avec la même netteté et la même force : *non præsumatis ingredi ; nullus judex publicus ingredi audeat ; judices publici non habeant introitum*[4].

---

1. Statuentes ergo ut neque vos neque juniores neque successores vestri nec nulla publica judiciaria potestas quoque tempore in villas... aut ad audiendas altercationes ingredere, aut freda de quaslibet causas exigere, nec mansiones aut paratas vel fidejussores tollere non praesumatis.

2. *Diplomata*, n°s 242, 258, 270, 291, 336, 341, 357, 436, 402, 403, 444, 487, 507, 515, 542, 570, n° 4 des *Additamenta*. Comparez Marculfe, I, 2 : Nulla judiciaria potestas nec praesens nec succidiva ibidem non praesumat ingredere.

3. *Diplomata*, n°s 58, 111, 144, 168, 281, 368, 372, 400, 402, 428, 436, 441, 463, 482, 486, 491, 495, 522, 531, 568, 599. — Les deux formes sont employées concurremment dans la formule de Marculfe et dans plusieurs diplômes, par exemple dans celui de Childebert III pour Saint-Maur-des-Fossés qui est aux Archives nationales.

4. In illas possessiones nulla unquam judiciaria potestas praesumat ingredi (Diplôme de 661, n° 341). — Ut nullus judex publicus vel quilibet judiciaria potestate accinctus in villas ipsius monasterii nullum debuisset habere introi-

Il arrive quelquefois que le rédacteur du diplôme l'abrège et omette tous les détails que nous avons vus dans la formule de Marculfe. Il se contente alors d'écrire que telle église, tel monastère, ou tel laïque possédera ses domaines en pleine immunité, sans que les officiers royaux y puissent entrer, *absque introitu judicum*. Toute l'immunité est comprise dans ces trois mots[1].

Quelques érudits ont pensé que les rois, en accordant l'immunité, renonçaient pour eux-mêmes à toute autorité sur les domaines de l'immuniste. Pour appuyer cette doctrine, on a dit que les diplômes portaient, non pas *neque vos neque juniores aut successores vestri*, mais *neque nos neque juniores aut successores nostri*. Il est visible que ce seul changement de trois lettres transforme le sens de la phrase et même du diplôme tout entier. Dans un cas, l'interdiction s'adresse seulement aux agents du roi ; dans l'autre, le roi s'interdit à lui-même l'entrée des terres privilégiéés. M. Boutaric, dans un essai trop rapide sur les origines du régime féodal, cite, en effet, une charte où se lisent les mots *nos* et *nostri,* et il en conclut que les rois renonçaient à toute autorité[2].

Il est regrettable que M. Boutaric ait choisi pour type de l'immunité la seule charte où les mots *nos* et *nostri* se rencontrent, et sans nous avertir qu'elle soit la seule. Dans toutes les autres, ce sont les mots *vos* et *vestri* que l'on trouve[3]. D'ailleurs, ce

tum (appendix ad Marculfum, 44). — Nullus judex publicus ibidem introitum nec ingressum habere deberet (Diplôme de 696, n° 436, aux Archives nationales, K 3, 10). — Par un acte de 659, Clotaire III donne au monastère de Corbie dix domaines et il ajoute : Nullus de judicibus nec ad ipsum monasterium nec in curtes suas praesumat ingredi, sed pars ipsius monasterii vel omnis congregatio ibi consistens absque introitu judicum sub integra immunitate possidere valeat vel dominare (*Diplomata,* n° 336).

1. Diplôme de 635, n° 268 ; Diplôme de 681, n° 399 : Sub emunitatis nomine absque introitu judicum. — Marculfe, I, 4 ; I, 14 ; I, 17. — Quelques diplômes (n°⁸ 367 et 403) portent *absque interdictu judicum ;* il y a apparence que *interdictu* est pour *introitu*.

2. Boutaric, *De l'origine et de l'établissement du régime féodal,* dans la *Revue des questions historiques,* 1875, tirage à part, p. 45-50. Le diplôme qu'il cite est celui qui fut donné par Dagobert 1ᵉʳ à l'abbaye de Saint-Denis, entre 631 et 637, dont une copie se trouve aux Archives nationales (K, 1, 7 ; cf. *Diplomata,* n° 282).

3. Dans les deux diplômes en faveur de Réomé, tous les deux fort suspects, on trouve les mots *nos nostrique successores ;* mais il faut noter que la phrase n'est pas la même que dans les autres diplômes ; il s'agit d'une concession de terre, et le roi dit que ni lui ni ses successeurs ne

diplôme de Dagobert Ier est suspect ; l'exemplaire qu'on en possède aux Archives nationales n'est qu'une copie, et cette copie n'est pas antérieure au ixe siècle. Ajoutons que, de cette même charte de Dagobert en faveur de l'abbaye de Saint-Denis, nous avons deux textes légèrement différents ; Pardessus les a insérés tous les deux dans son recueil, en nous prévenant que le premier est suspect et le second plus suspect encore[1]. Or, le premier porte *neque vos neque successores vestri*, et c'est seulement le second qui porte *nos* et *nostri*. Quel fond peut-on faire sur un document de si peu d'authenticité, quand tous les autres documents lui sont contraires ? On a aux Archives nationales quatre diplômes d'immunité, qui ne sont pas des copies, mais qui sont, paraît-il, les originaux eux-mêmes[2] ; tous les quatre portent les mots *vos* et *vestri*, et ce sont eux aussi que nous lisons dans tous les autres diplômes comme dans les formules de Marculfe[3]. Ce qui est d'ailleurs décisif, c'est que la moitié des diplômes emploient la forme indirecte, *nullus judex publicus*, ce qui ne permet aucune contestation[4].

reprendront cette terre ; ce n'est pas là l'immunité. De même Clotaire Ier s'interdit le droit de lever des contributions, *nec nos nec publici judices requisitiones requiramus*. L'immunité n'est pas là. Dans les 40 diplômes et les 4 formules où « l'entrée » est interdite, ce sont les mots *vos* et *vestri* qui se lisent, et ils s'adressent aux ducs et aux comtes. — Il est vrai que dans un diplôme de 660 donné par Clotaire III à l'abbaye de Corbie (n° 337), on lit *nos* et *nostri ;* mais il faut faire attention que le verbe de cette phrase est *praesumatis ;* cette seconde personne du pluriel suppose pour sujet *vos* et *vestri ;* il est donc très probable que *nos* et *nostri* sont une faute du copiste.

1. Voyez Pardessus, *Diplomata, prolégomènes*, p. 55. Il a tiré ces deux copies d'un manuscrit de la Bibliothèque nationale, n° 5415. — K. Pertz range ce diplôme parmi les *spuria*, et il n'est pas attaqué sur ce point par Sickel dans la critique que ce savant a faite de son édition, Berlin, 1873.

2. Archives nationales, K 3, 10 ; K 3, 12[3] ; K 3, 17 ; K 3, 18. Tardif, *Cartons des rois,* n°s 37, 41, 46, 47.

3. Comparer d'autres formules analogues, relatives à la mainbour royale, où on lit : nec vos nec juniores aut successores vestri (Marculfe, I, 24 ; Rozière, 9) ; nullus ex vobis (Lindenbrog, 38 ; Rozière, 10) ; neque vos (Lindenbrog, 177 ; Rozière, 11) ; nullus ex vobis sive ex junioribus vestris (Rozière, 12) ; jubemus ut nullus vestrum (Rozière, 13) ; concessimus ut neque vos neque juniores atque successores vestri (app. ad Marc., 31 ; Rozière, 38).

4. Nous avons à faire une remarque sur les mots *neque successores vestri*. On s'étonne au premier abord que le roi, s'adressant à ses comtes, leur dise : vos successeurs, et cela s'éloigne fort de nos idées. Mais il faut songer 1° que les fonctionnaires mérovingiens étaient fréquemment déplacés ; 2° qu'ils n'étaient pas solidaires entre eux. Un comte aurait donc pu alléguer que le diplôme ne s'adressait pas à lui, puisqu'il n'était pas comte à la date qui y était inscrite.

Cette discussion pourra paraître peu utile. Pour les hommes de nos jours, il est assez indifférent que l'interdiction concerne le roi, ou qu'elle concerne les agents du roi ; ce serait la même chose aujourd'hui. C'étaient deux choses fort différentes, et nous le constaterons plus loin, pour les hommes du VIIe ou du VIIIe siècle. Or, l'intelligence historique consiste à comprendre ces différences d'idées, et l'exactitude à les signaler.

Le sens de l'immunité n'est donc pas que le roi s'interdit à lui-même l'entrée des domaines du concessionnaire, mais qu'il l'interdit à ses ducs, comtes et autres agents de son administration[1]. Elle a pour effet de soustraire les domaines privilégiés, non pas précisément à l'autorité royale, mais à l'autorité de tous les officiers royaux. C'est contre ceux-ci qu'elle est faite[2]. Assurer l'immuniste contre eux est la grande préoccupation qui paraît régner dans l'esprit des auteurs des diplômes : « nous ne voulons pas, disent-ils, qu'aucun fonctionnaire public soit contraire à ce que nous accordons[3]. » « Nous ne voulons pas qu'aucun fonctionnaire fasse obstacle ou mette empêchement à notre bienfait[4]. » « Nous ne voulons pas que cette église ait à redouter aucune oppression, aucun procès injuste, aucune usurpation de la part de nos officiers[5]. » Cela est répété sous toutes les formes. La

---

Cela était surtout vrai quand le diplôme était spécialement adressé à tel duc ou à tel comte désigné par son nom, comme cela est dans plusieurs diplômes. Il était donc de toute nécessité qu'un mot indiquât qu'en cas de changement, le successeur serait lié aussi bien que l'était le titulaire actuel.

1. Flodoard résume cette clause des diplômes qu'il avait sous les yeux, en ces termes : ut nullus judex publicus in ipsas terras auderet ingredi (*Hist. eccl. rem.*, II, 11).

2. Ut de judicum infestatione, sicut immunitas nostra continet, liceat eis vivere cum quiete (Epistola Rauracii ep., dom Bouquet, IV, 44).

3. Jubemus ut neque vos neque juniores seu successores vestri ex hoc contrarii non existatis (Diplôme de 673, n° 368).

4. Ut nullam refragationem, nullum impedimentum a judicibus publicis pertimescant (*Diplomata*, n°ˢ 417, 486, 507, 515, 570).

5. Ut nulli judicum licentia sit aliquid defraudare (n° 270). — Nullus judicum audeat... sibi usurpare (n° 341). — Nec de rebus monasterii abstrahere nec minuere praesumatis (n° 599). — Ut neque vos neque juniores vestri... aliquid de rebus monasterii minuere cogitetis aut in aliquo molesti esse velitis (n° 111). — Nec nullam calumniam generare non praesumatis (n° 441). — Jubemus ut nullus vestrûm eos de qualibet causa injuste calumniari praesumat (Formules, édit. de Rozière, n° 13). — Ut neque vos neque juniores vestri homines injuriari praesumatis (Dipl. de 724, n° 531). — Ut neque vos... inquietare et depravare nec de rebus abstrahere praesumatis (Dipl. de 748, n° 599).

méfiance du roi à l'égard de ses fonctionnaires perce dans toutes nos chartes. Pour être plus sûr qu'ils n'opprimeront pas, il leur interdit toute action. Pour être certain qu'ils n'agiront pas, il leur interdit jusqu'à l'accès et l'entrée des maisons, terres, champs et domaines du privilégié. L'immunité ne se borne pas à donner quelque sécurité et quelque droit vis-à-vis du fonctionnaire royal ; elle écarte et exclut le fonctionnaire [1].

V.

Après avoir signalé le point capital de la formule d'immunité, nous reprenons dans le détail l'analyse de cette formule. Nous y verrons quels étaient les pouvoirs d'un officier du roi, et quelle était l'étendue d'une immunité qui consistait à être soustrait à ces pouvoirs.

« Le fonctionnaire public, est-il dit, n'entrera sur aucun des domaines de l'immuniste pour entendre les procès. » Voilà le point qui est marqué le premier dans les formules et dans tous les diplômes. Les expressions employées sont très claires ; la formule dit *ad causas audiendas* [2] et plus loin elle emploie comme synonymes les mots *ad audiendas altercationes*. La première des deux expressions était la plus usitée ; nous la trouvons dans

---

— Ut nulli judicum licentia sit... iniquiter defraudare aut suis usibus usurpare (Marculfe, I, 2).

1. L'exclusion est quelquefois prononcée même contre les *missi ex palatio discurrentes*. Cependant, je ne trouve cette exclusion que dans trois diplômes (n°ˢ 144, 168, 172). Encore faut-il noter que ces trois diplômes appartiennent au même monastère, celui d'Anisola, et ne forment, en quelque sorte, qu'un seul document. Je voudrais trouver d'autres textes avant d'affirmer que les *missi*, les *missi a latere regis*, représentants directs du roi, fussent exclus, comme les comtes et les centeniers, des domaines immunistes. — Il n'est pas de notre sujet de parler de l'immunité ecclésiastique par laquelle un monastère était affranchi de l'autorité de l'évêque. Les principaux documents sur ce sujet sont : 1° Bulles des papes Jean IV et Martin Iᵉʳ ; lettres de Grégoire le Grand, VIII, 12 ; IX, 3 ; XIII, 8 ; 2° Lettres et chartes d'évêques dans les *Diplomata*, n°ˢ 172, 201, 221, 320, 333, 335, 344, 345, 391, 401, 512 ; 3° Lettres ou diplômes des rois, particulièrement pour le monastère de Rebais (n° 270), et pour le monastère de Stavelot (n° 575) ; 4° Formules de Marculfe, I, 1 ; I, 2 (Rozière, n°ˢ 574 et 575). — Le formulaire de ces immunités ecclésiastiques ressemble en plusieurs points à celui des immunités civiles ; elles consistent essentiellement à écarter l'évêque et à lui interdire « l'entrée, » sauf certains cas déterminés dans l'acte.

2. Marculfe, I, 3 (Rozière, n° 16) ; appendix ad Marc., 44.

25 de nos diplômes[1]. Deux autres emploient les mots *ad judicandum, ad agendum*[2], qui sont visiblement synonymes. Il y en a trois qui expriment la même idée par le mot *condemnare*[3].

On sait par une série d'autres documents que les ducs et les comtes, représentants du roi, ainsi que leurs subordonnés, vicaires et centeniers, rendaient la justice aussi bien au civil qu'au criminel[4]. C'est l'exercice de ce pouvoir judiciaire qui leur est interdit par la charte d'immunité.

Ici se pose naturellement une question : Est-il possible que l'immunité exempte le concessionnaire de toute juridiction et fasse disparaître pour lui toute justice publique? Quelques érudits ont reculé devant cette conclusion, qui choque en effet toutes les idées modernes. Tout récemment, M. Prost a essayé de ce passage de nos diplômes une autre explication[5]. Suivant lui, l'expression *audire causas* ne signifie pas juger; elle signifie seulement écouter les débats; elle s'applique à un comte ou à un centenier qui « tiendrait les plaids, » et qui présiderait un tribunal populaire dont il ne ferait qu'exécuter la décision. Partant de là, M. Prost croit que la charte d'immunité interdit seulement au comte de « tenir le plaid, » c'est-à-dire de réunir le peuple dans l'intérieur des domaines privilégiés ; elle ne lui interdit pas

1. *Diplomata*, éd. Pardessus, n°s 58, 242, 258, 270, 281, 291, 336, 341, 367, 403, 417, 428, 436, 482, 486, 487, 495, 507, 515, 522, 542, 568, 570, 599. Joignez-y le diplôme de Childebert III en faveur de saint Maur. — Je ne vois l'expression *ad audiendas altercationes* que dans un diplôme de 743, n° 568, et dans la formule de Marculfe.

2. Diplôme de 697, n° 444 ; diplôme de 705, n° 463. Les mots *ad agendum* se trouvent aussi dans la formule de Marculfe, I, 4, et ils y occupent exactement la même place que les mots *causas audiendas* occupaient dans I, 3.

3. Non condemnare praesumatis (Diplôme de 546, n° 144; de 674, n° 372; de 724, n° 531). La même expression se trouve dans la formule de Lindenbrog, 177 (Rozière, n° 11).

4. Grégoire de Tours, *H. Fr.*, VIII, 18 : Gundobaldus comitatum Meldensem accipiens, ingressus urbem, causarum actionem agere coepit; exinde dum pagum urbis in hoc officio circumiret... — Id., VIII, 12 : Ad discutiendas causas Ratharius quasi dux dirigitur. — Cf. Fortunati *carmina*, VII, 5. — La loi des Ripuaires, art. 88, énumère tous ceux qui rendent la justice : major-domus, domesticus, comes, grafio. — Exemples de jugements rendus par le comte jugeant directement et prononçant souverainement : Grégoire de Tours, *Hist.*, IV, 44 ; VI, 8; *De gloria confessorum*, 101 ; *De gloria martyrum*, 73 ; *Miracula Martini*, III, 53 ; *Vitae patrum*, VII, 9. Cf. *Vita Walarici* dans les *Acta. SS. ord. S. Benedicti*, II, 81 ; *Vita Amandi, ibidem*, II, 714.

5. Aug. Prost, *L'immunité*, dans la *Nouvelle Revue historique du Droit*, mars 1882, p. 137 et suiv.

de réunir le plaid en dehors et à côté de ces domaines et d'y
appeler l'immuniste ou ses hommes pour juger leurs procès et
punir leurs délits. D'après cette interprétation, la juridiction du
comte resterait entière ; seulement, elle ne s'exercerait qu'à
distance. Tout le privilège se bornerait à n'avoir pas le juge
chez soi.

Les textes ne justifient pas cette interprétation. Les diplômes
et les formules n'ont pas un mot qui implique que les habitants
du domaine devront se rendre au tribunal du comte. Non seulement cela n'est jamais dit, mais nous verrons tout à l'heure certaines clauses de nos diplômes qui empêchent le comte d'appeler
devant lui les hommes du domaine. A quoi eût-il servi d'ailleurs
à l'immuniste d'être exempté d'avoir le juge chez lui, s'il eût été
tenu d'aller se présenter devant ce même juge et de lui amener
ses hommes ?

Nous ferons remarquer aussi que, dans la langue mérovingienne, l'expression *audire causas* signifie juger. Elle se dit
de celui qui, après avoir entendu les débats, décide et prononce.
Les textes ne laissent aucun doute sur ce point[1]. Aussi nos
diplômes emploient-ils quelquefois comme terme synonyme le mot
judicare ou le mot *condemnare*.

Observons enfin que nos formules et nos diplômes d'immunité
ne parlent pas une seule fois de plaids. Ils ne disent pas au
comte : vous ne réunirez pas le peuple. Ils ne disent pas au
peuple : vous ne vous assemblerez pas. Ils disent, s'adressant au
comte : ni vous ni vos agents, vous n'entrerez pour juger sur ces
domaines. Toutes ces chartes, qui pourtant appartiennent à tous
les règnes et à toutes les provinces de l'État franc, n'ont pas un
seul mot sur le plaid populaire. Elles ne le connaissent pas. Le
seul juge qu'elles connaissent est le comte, ou bien son vicaire
et ses centeniers.

C'est donc ce droit de juger, et de juger seul, qui est enlevé
au comte par l'immunité. Flodoard, qui avait sous les yeux
les vieux diplômes accordés à l'église de Reims, exprime

---

1. Ainsi le roi dit en tête de ses arrêts judiciaires : Cum nos ad universorum causas audiendas in Palatio nostro resideremus. — Cf. lex Alamannorum, 41 : nullus causas audire praesumat nisi qui a duce judex constitutus est
ut causas judicet. — Déjà dans la langue des jurisconsultes romains, *causam
audire* signifiait juger ; on peut voir des exemples de cela au code Justinien, I,
4, 8 ; I, 4, 13 ; III, 24, 3, etc.

cette clause de la manière la plus nette quand il dit· qu'ils interdisaient aux fonctionnaires royaux d'entrer sur les terres de cette église et de faire des jugements, *judicia facere*[1].

Mais il faut nous demander s'il s'agit de toute espèce de jugements. Remarquons d'abord que, si la juridiction du comte est supprimée, celle du roi ne l'est pas. On conçoit en effet que, lorsque l'évêque, l'abbé ou le simple laïque s'est présenté devant le prince et lui a demandé, plus ou moins humblement, l'immunité, il ne lui demandait certainement pas d'être exempté de sa justice. Ni le solliciteur ni le roi n'entendaient qu'il fût question de cela. L'évêque demandait au roi d'être soustrait à l'autorité du comte; rien de plus. Si le roi avait renoncé à son propre droit de justice, il l'aurait écrit dans la charte, comme il y écrit quelquefois qu'il renonce à l'impôt. Il ne parle, au contraire, que de la juridiction du comte et des subordonnés du comte, *neque vos neque juniores vestri*. Mais il ne s'interdit pas à lui-même d'entrer sur la terre de l'immuniste pour le juger, lui ou ses hommes. Encore moins s'interdit-il d'appeler l'immuniste ou ses hommes devant son propre tribunal, le tribunal du Palais.

Aussi voyons-nous dans Grégoire de Tours et Frédégaire que des évêques et des abbés étaient jugés par le roi ou portaient leurs procès devant lui. Cette vérité apparaît encore mieux dans la série des diplômes judiciaires. Nous avons aussi des formules mérovingiennes où nous voyons un évêque mandé au tribunal du roi[2]; plus que cela : un évêque, si l'un de ses clercs est accusé d'un délit et refuse satisfaction, est tenu à le faire conduire de force au tribunal royal[3]. Il faut donc admettre que le maintien de la juridiction royale était sous-entendu dans les chartes d'immunité, et, si l'on ne prenait pas la peine de l'exprimer, c'est qu'il n'entrait dans l'esprit de personne de supprimer cette juridiction[4].

---

1. Ut nullus judex publicus auderet ingredi ut quaelibet judicia praesumeret (Flodoard, *Hist. remensis eccl.*, II, 11); ut nullus judex publicus in terras ipsius ecclesiae auderet ingredi vel quaelibet judicia facere (*Ibidem*, II, 17).

2. Marculfe, I, 26 (Zeumer, p. 59).

3. Marculfe, 1, 27.

4. Nous pouvons citer comme exemple l'église de Reims qui, au temps de l'évêque Nivard (650-670), chargeait un de ses prêtres de soutenir ses procès devant le roi, *causas apud regiam majestatem pro rebus ecclesiasticis vel*

Il y a même plusieurs diplômes où l'on voit que la justice de l'État est expressément maintenue. Le roi s'exprime ainsi : « S'il s'élève contre le monastère ou contre les hommes de l'abbé quelque procès dont le jugement par le comte ou par ses subordonnés serait trop préjudiciable au monastère, le procès sera porté devant nous, et c'est par nous que la sentence sera rendue[1]. » On voit bien dans ce texte que la juridiction même du comte n'était pas absolument supprimée. Si un procès était intenté au monastère immuniste, c'était le comte qui était d'abord saisi de l'affaire. Il en était le juge naturel, à moins que le monastère, alléguant que cela lui était « trop préjudiciable, » ne voulût porter l'affaire devant le roi. L'abbé n'échappait donc pas à la justice publique ; son privilège se bornait à être jugé, s'il le voulait, par le roi au lieu de l'être par le comte.

Il faut nous tenir au texte littéral des diplômes. Ils ne disent pas : « Le juge royal ne jugera jamais ni l'abbé ni ses hommes. » Cette manière de s'exprimer ne se rencontre jamais. Ils disent, ce qui n'est pas la même chose : « Le juge royal n'entrera pas dans les domaines de l'abbé ou de l'évêque pour rendre la justice. » Ne dépassons pas nos textes ; ils ne parlent que de la justice qui serait à rendre dans l'intérieur du domaine. Ils ne veulent pas dire que l'immuniste et ses hommes échappent, pour toutes sortes de procès et de délits, à la justice du comte. Si un étranger porte plainte contre l'évêque ou contre un de ses hommes, si un procès s'élève, si, par exemple, il y a contestation entre un laïque et l'évêque pour la possession d'une

colonorum legibus agere; et pourtant l'église de Reims possédait déjà au moins deux diplômes d'immunité (Flodoard, *Hist. eccl. rem.,* II, 10).

1. Diplôme de 562, n° 168; de 674, n° 372 : Si aliquas causas adversus ipsum monasterium aut mitio ipsius abbatis ortas fuerint, quas a vobis vel junioribus vestris absque eorum iniquo dispendio terminatas non fuerint... in praesentiam nostram serventur et ibidem finitivam sententiam debeant accipere. — Diplôme de 748, n° 599 : Si tales causae adversus Dubanum abbatem aut homines suos ortae fuerint, quae in pago absque suo iniquo dispendio recte definitae non fuerint, jubemus ut sint suspensae vel reservatae et postea per nos pro lege et justitia finitivas accipiant sententias. — Marculfe, 1, 24 (Rozière, n° 9) : Si aliquas causas adversus eum vel suo mitio surrexerint, quas in pago absque ejus grave dispendio definitas non fuerint, in nostri praesentia reserventur. — Cf. Formules de Lindenbrog, n° 38 (Rozière, n° 10). — Les diplômes et les formules que nous citons ici concernent plutôt la mainbour que l'immunité; mais nous verrons plus loin quel lien il y avait entre les deux choses.

terre [1], ou si un laïque se plaint qu'un clerc de l'évêque ait fait violence à un de ses serfs [2], le débat est porté devant le comte ou devant le roi. Ainsi les textes marquent bien que dans tout conflit entre un homme du domaine et un étranger, la juridiction publique subsiste. Dès lors, quels peuvent être les cas où cette juridiction disparaît? A quelles affaires pense le rédacteur du diplôme quand il dit que le juge royal n'entrera pas dans le domaine pour les juger? Il nous semble que ce sont les affaires où les deux parties appartiennent également au domaine privilégié; il ne se peut agir que des procès issus sur le domaine lui-même ou des délits qui y ont été commis.

On sait bien qu'il existait sur chacun de ces grands domaines toute une population mêlée de serfs, d'affranchis, d'hommes libres. On ne doutera pas que dans cette population d'origine diverse, d'intérêts inégaux et discordants, il n'y eût des procès, des conflits, des délits et des crimes. C'est le jugement de toutes ces affaires intérieures qui, suivant nous, est interdit au comte. A cela se réduit, si nous ne nous trompons, le privilège de l'immuniste en matière de justice; mais nous montrerons plus loin la grande importance de ce privilège et les conséquences qu'il a produites.

VI.

A la défense de juger, l'immunité ajoute l'interdiction de percevoir les *freda* [3]. On sait que presque tous les jugements aboutissaient à un *fredum* [4]. Notre mot amende rend imparfaitement ce mot de la langue mérovingienne; car il y a grande apparence que l'idée qui s'y attachait s'éloignait assez de celle que notre esprit moderne attache au mot amende. Les hommes considéraient que, dans tout crime ou délit, il y avait deux per-

---

1. C'est le cas spécifié dans la formule de Marculfe, I, 26.
2. C'est le cas spécifié dans la formule de Marculfe, I, 27.
3. Nullus judex publicus... aut ad freda exigendum... ingredi praesumat (Marculfe, I, 3; id., I, 4; *Diplomata*, n°ˢ 58, 242, 258, 270, 291, 336, 367, 368, 402, 403, 417, 428, 436, 463, 482, 486, 487, 495, 507, 515, 522, 542, et le diplôme de Childebert III en faveur de Saint-Maur.
4. De quaslibet causas freda exigendum (Marculfe, I, 14; I, 17). — De qualibet causa freda exigat (Lex Ripuar., 89).

sonnes lésées, la victime d'abord, ensuite le roi, dont le criminel avait enfreint la volonté et violé les lois. Il fallait donc *composer* avec le roi comme avec la famille de la victime. Il y avait ainsi deux *compositions,* en quelque sorte, l'une payée à la victime, l'autre payée au roi. C'est cette seconde partie de la *composition* que l'on appelait *fredum.* Grégoire de Tours indique nettement que c'est ainsi que le *fredum* était compris par les hommes de son temps [1]. Même dans beaucoup de procès civils, l'intervention du magistrat donnait lieu au payement d'un *fredum* [2]. Dans la pratique ordinaire, il semble bien que le *fredum* était le prix dont le juge, c'est-à-dire le roi ou le comte, faisait payer sa juridiction [3]. Ce revenu faisait partie du droit de justice, et nous pouvons même penser que, pour beaucoup de fonctionnaires, il en était la partie principale. En ôtant au comte le droit de juger sur les domaines privilégiés, il semble qu'il ne fût pas nécessaire d'ajouter qu'on lui enlevait du même coup le droit d'y percevoir les *freda;* pourtant les rédacteurs des diplômes n'ont pas jugé inutile d'avertir le fonctionnaire que ce n'était pas

1. Grégoire de Tours, *miracula S. Martini,* IV, 26 : Affirmavit rex quosdam ex his qui absoluti fuerant (il s'agit de quelques condamnés qui avaient été délivrés de leurs fers) ad se venisse atque compositionem fisco debitam, quam illi fredum vocant, a se fuisse eis indultam. — Id., *H. Fr.,* VI, 23 : Jubet rex omnes custodias relaxari, vinctos absolvi, compositionesque negligentium fisco debitas non exigi.—Dans la lex Salica, XIII, *fretus* n'a pas d'autre sens que celui de *composition;* mais c'est qu'il s'agit d'un cas où le roi est la partie lésée, et alors la composition et le *fredum* se confondent. — Voyez sur le *fredum* la *decretio Chlotarii,* art. 16, éd. Boretius, p. 7; *lex Baiuwar.,* I, 6, 7, 9; IX, 14; XIII, 2, 3. — Nous ne pouvons pas admettre l'opinion de M. Prost qui croit que le *fredum* était payé au roi par la victime elle-même ou par sa famille (page 144).

2. Cela ressort du titre 50 de la lex Salica; cf. lex Alamannorum, XXXVI, 3; lex Baiuwar., XIII, 2 et XIII, 3. Diplôme de 693, n° 431 : Ei fuit judicatum ut in exfaido et fredo solidos 15 pro hac causa fidem facere deberet.

3. Voyez *lex Wisigothorum,* II, 1, 25 : Judex pro labore suo et pro judicata causa et legitime deliberata... — *Lex Baiuwariorum,* II, 15 (Pertz) ou II, 16 (Baluze) : Judex partem suam accipiat de causa quam judicavit. — Le *fredum* paraît avoir été, le plus souvent, le tiers de la composition : duas partes ille cujus causa est ad se revocet, tertiam partem ad se grafio fredum recolliget (Lex salica, 50); cf. capitulaire de 801, c. 24 (Pertz, p. 86) : tertiam partem fisco tribuat. Mais nous ne savons pas quelle était la proportion entre la part du roi et la part du comte. La loi des Bavarois fixe la part du juge à un neuvième de la composition totale; celle des Visigoths à un vingtième seulement.

seulement la justice qui lui était enlevée, mais aussi les profits de la justice[1].

La charte d'immunité défend aussi au fonctionnaire royal « de saisir des répondants, *tollere fidejussores*[2]. » Pour comprendre le sens de cette interdiction, il est nécessaire de jeter un coup d'œil sur quelques procédés de la police judiciaire des Mérovingiens.

Quand un homme était accusé d'un crime ou d'un délit que le comte devait juger dans son *mallus*, il pouvait rester libre jusqu'au jour du jugement, à la condition de fournir des répondants, *si fidejussores habuerit*[3]. Les répondants d'un accusé étaient garants de sa comparution en justice[4]. Quand le jour du jugement était arrivé, il était d'usage, sinon de règle, qu'ils le conduisissent eux-mêmes au tribunal du comte[5].

Il en était de même quand il s'agissait du tribunal du roi. L'homme qui était sommé d'y comparaître pouvait rester libre jusqu'au jour fixé, en donnant des répondants, *datis fidejussoribus*[6]; puis, au jour du jugement, il était amené devant le roi par ces répondants eux-mêmes[7].

---

1. Un diplôme porte *injusta freda tollendum* (Dipl. de 638, n° 291); mais je ne trouve le mot *injusta* dans aucun autre; et d'ailleurs ce diplôme est très suspect (Voyez Pardessus, *Prolégom.*, p. 73). Nous devons donc penser, conformément à tout l'ensemble des documents, que ce ne sont pas seulement les *freda* illégaux, mais bien tous les *freda* qui sont interdits aux fonctionnaires royaux sur les terres d'immunité.

2. Neque ad fidejussores tollendos (Marculfe, I, 3; I, 4; *Diplomata*, n°ˢ 258, 281, 291, 367, 403, 417, 463, 486, 495, 507, 515, 522, 568).

3. Voyez une anecdote racontée par Grégoire de Tours (IV, 44) où l'historien cite comme contraire à l'usage qu'un duc ait fait mettre en prison un prévenu qui demandait à rester libre *datis fidejussoribus*. Il cite ailleurs (VI, 12) une femme *quae, datis fidejussoribus, Tolosam dirigitur*. — Cf. *Capitularia Caroli Calvi*, XLV, 3 (Baluze, *Capitul.*, II, 229) : Comprehensus, si fidejussores habere potuerit, per fidejussores ad mallum adducatur; si fidejussores habere non potuerit, a ministris comitis custodiatur et ad mallum perducatur.

4. Pérard, *Instrumenta hist. burgundicae*, p. 35 : Dedit Maurinus fidejussorem, nomine Autardo, de sua presentia.

5. Per fidejussores ad mallum adducatur (Capit. Caroli Calvi, XLV, 3).

6. Grégoire de Tours, *Hist.*, VIII, 43 : Antestius vero, acceptis fidejussoribus ab episcopo ut in praesentia regis adesset. — Id., ibidem : datis fidejussoribus de praesentia sua ante regem. — Id., VIII, 7 : Cautiones et fidejussores dederunt ut decimo Kalendas mensis noni ad synodum convenirent. — Id., VI, 11 : multi tamen eorum per idoneos fidejussores dimissi ad regem jussi sunt ambulare.

7. Si fidejussores habuerint qui eos in praesentia regis adducant (Capitul.

L'importance de ces répondants se devine bien si l'on songe que les crimes et les délits étaient punis, le plus souvent, par la *composition* et le *fredum*. Presque toute justice se résolvait en argent. D'après ces usages et d'après les conceptions que les hommes se faisaient de la justice, l'accusé était regardé préventivement comme un débiteur. Il suivait de là que les répondants étaient regardés comme les cautions d'une dette. Si l'accusé s'échappait avant le jugement, ils étaient responsables sur leurs biens propres. C'est pour cela apparemment qu'ils se chargeaient de conduire le prévenu au tribunal du comte et même au tribunal du roi, fallût-il traverser la Gaule entière. Leur intérêt propre les y engageait.

Il faut remarquer que, si l'accusé possédait des biens fonciers d'une valeur suffisante, on n'exigeait pas qu'il présentât des *fidejussores ;* on l'exigeait s'il n'avait pas de biens fonciers ou s'il en possédait trop peu[1]. Cette règle nous montre assez clairement l'idée qu'on se faisait du *fidejussor ;* c'était un homme qui offrait sa propre fortune en garantie pour un accusé dont la fortune était insuffisante.

Le *fidejussor* ne répondait pas seulement de la présence de l'accusé au tribunal ; il répondait aussi de l'exécution du jugement, c'est-à-dire du paiement intégral de la composition et de l'amende[2]. C'est pour cela qu'on voulait que ces répondants

de 793, art. 6, dans Baluze, I, 542). — De his qui legem servare contemnunt, ut per fidejussores in praesentiam regis deducantur (*Capitularia*, livre III, art. 34 ; livre VI, art. 219). Per fidejussores ad praesentiam regis perducatur (Capitul. Caroli Calvi, XIV, 4 ; Baluze, II, 65).

1. Cela ressort de deux textes un peu postérieurs à l'époque qui nous occupe ; mais la règle est certainement ancienne. Per fidejussores, si res et mancipia in illo comitatu non habet, ad praesentiam nostram adducatur (Capitul. Caroli Calvi, XXXVI, 23 ; Baluze, II, 185). — Si liber homo de furto accusatus fuerit et res proprias habuerit, in mallo ad praesentiam comitis se adhramiat, et, si res non habet, fidejussores donet qui eum adhramire et in placitum adduci faciant (Capitulaire de 819, c. 15 ; Baluze, I, 603).

2. On a en effet plusieurs exemples où les *fidejussores* sont donnés, non pas pour la comparution en justice, mais pour l'exécution de l'arrêt. Ainsi, dans Grégoire de Tours, *H. Fr.*, IX, 8, Childebert dit : veniat coram nobis et datis fidejussoribus in praesentia patrui mei, quidquid illius judicium decreverit, exsequamur. — De même dans le *De gloria confessorum*, 71 : Convenitur episcopus datisque fidejussoribus in praesentia regis adsistit ; si l'évêque donne des *fidejussores,* c'est pour assurer le payement de l'amende de 300 *aurei* dont il va être frappé. — La formule de Sirmond, n° 32 (Rozière, n° 465), nous montre deux accusés pour lesquels la peine de mort est commuée en une com-

fussent *credibiles, idonei, firmissimi*[1]. Par ces épithètes nous devons entendre, non la moralité des répondants, mais leur solvabilité. On tenait à ce qu'ils fussent cautions solvables.

Gardons-nous bien d'attribuer aux hommes de ce temps des idées qu'ils n'avaient pas. En pratiquant la *fidejussio*, ils ne songeaient pas à assurer la liberté; ils n'avaient pas dans l'esprit de supprimer l'emprisonnement préventif, dont nous savons qu'ils usaient largement. Ils ne voyaient en elle qu'une assurance de paiement. Aussi était-elle pratiquée dans l'intérêt de l'administration, et non pas dans l'intérêt des accusés. Grâce à ces répondants, l'accusé se voyait entouré de surveillants qui étaient intéressés à ce qu'il ne s'échappât pas, et qui ne manquaient guère de mettre la main sur sa personne pour sauver leurs propres biens. Les répondants, de leur côté, avaient une lourde charge; ils se voyaient obligés à de nombreuses démarches, à des pertes de temps, à des dépenses, surtout s'il fallait aller jusqu'au roi; et, ce qui était pis encore, ils étaient menacés, en cas de condamnation, d'avoir à payer pour le condamné. Si l'on songe à quel taux exorbitant les rois mérovingiens portèrent les compositions et les *freda*, on devinera qu'il était fort dangereux d'être *fidejussor*. L'administration seule se trouvait bien de cette pratique; car elle était sûre que les prévenus seraient bien gardés, sûre aussi que ses *freda* lui seraient intégralement payés.

Le moyen était bon; le gouvernement mérovingien en abusa. Non seulement il permit aux accusés d'offrir des répondants volontaires afin de rester libres, mais il en vint à obliger des hommes à être répondants malgré eux et malgré les accusés. Ce fait étrange s'aperçoit à la lecture de quelques textes. Ainsi, nous voyons dans Grégoire de Tours un duc arrêter un évêque et le faire conduire immédiatement devant le roi; et en même temps ce duc cherche lui-même et requiert des *fidejussores*[2]. Il ne se peut agir ici de cautions volontaires que l'évêque offrirait

position; ils donnent immédiatement un *fidejussor* pour garantir le payement : fidejussorem pro solidis obligaverunt.

1. Per idoneos fidejussores (Grégoire de Tours, VI, 11). — Per firmissimos fidejussores (Capitul. de 873; Baluze, II, 228). — Per credibiles fidejussores ante nos venire permittatur (Capit. de 882; Baluze, II, 289). Cf. Papianus, XI, 3, dans Pertz, *Leges*, t. III, p. 604 : Fidejussorem idoneum donet qui quid fuerit judicatum se permittat implere.

2. Grégoire de Tours, *H. Fr.*, VIII, 12 : Ratherius quasi dux a parte regis dirigitur... Episcopum vallat, fidejussores requirit, et ad praesentiam regis dirigit.

pour rester libre; car il n'est pas libre, et tout au contraire on le mène au roi « sous bonne garde[1]. » Il s'agit de cautions que l'autorité choisit elle-même pour répondre sur leurs biens de tout ce que le jugement pourra prononcer contre l'évêque. Ailleurs, nous voyons un envoyé du roi qui arrête deux accusés en prenant des *fidejussores* et qui les envoie au tribunal du roi[2]. Une autre fois, c'est un évêque que l'on veut obliger à comparaître à ce même tribunal; un envoyé du palais prend des *fidejussores* qui, de l'Auvergne, amènent l'évêque jusqu'à Trèves[3]. On reconnaît dans ces exemples que le *fidejussor* n'est plus ce répondant que l'accusé présentait pour rester libre; il est au contraire un homme choisi par l'autorité pour amener l'accusé au jugement et assurer l'exécution de l'arrêt.

De même dans une formule mérovingienne, nous voyons que le roi prescrit à un évêque, dans le cas où un clerc de son église serait coupable d'un délit, de l'envoyer au tribunal du roi *per fidejussores positos*, c'est-à-dire par des répondants, qui ne sont pas choisis assurément par l'accusé, mais qui lui sont assignés[4]. Dans une autre formule, le roi prescrit à ses comtes de faire justice d'un coupable ; « et si vous ne pouvez faire justice, saisissez des *fidejussores* et faites-le conduire devant notre tribunal[5]. » Ailleurs encore le roi dit à ses comtes : « Si un brigand poursuivi dans un comté se réfugie dans un autre comté, le comte, dans le ressort duquel il s'est réfugié, le contraindra *per fidejussores* à revenir dans le comté où il doit être jugé[6]. »

1. Id., *ibidem :* cum ad praesentiam regis sub ardua custodia duceretur.
2. Vita S. Rigomeri, dans dom Bouquet, III, 427 : missus de Palatio ut Rigomerum et puellam per fidejussores colligaret ut ad Palatium pergerent.
3. Vita S. Praejecti, c. 10, 11, dans les Acta SS. ordinis S. Benedicti, II, p. 643-644 : missos ex latere dirigit qui eum per fidejussores nuntiarent et in aula regis facerent praesentari... Depromit quo modo per fidejussores venisset.
4. Marculfe, I, 27 : Indiculus ad episcopum... Ipsum abbatem aut clericum praesentaliter constringatis qualiter hanc causam legaliter studeat emendare; certe si noluerit, ipso illo per fidejussores positos ad nostram studeatis dirigere praesentiam. — Cf. Capitulaire de 756 (Baluze, I, 178) : Tunc comes ipsam personam per fidejussores positam ante regem faciat venire.
5. Marculfe, I, 28 : Ille rex illo comiti... Constringatur qualiter hanc causam studeat emendare; certe si noluerit, ... tultis fidejussoribus ad nostram dirigere faciatis praesentiam. — Cf. Lex Ripuariorum, XXXII, 4 : Judex fidejussores ei exigat ut se ante regem repraesentet. — Praeceptum Childeberti I (Boretius, p. 2) : datis fidejussoribus non aliter discedant nisi in nostris obtutibus praesententur.
6. Si latro de uno comitatu in alium comitatum fugerit, comes in cujus

Ainsi l'usage s'est établi de « saisir » des *fidejussores*. Ces répondants font une sorte d'office de police, et même quelque chose de plus, puisqu'ils répondent de la pleine exécution de la sentence. L'autorité publique, ayant affaire à un accusé, ne se contente pas de s'emparer de sa personne ; elle met la main sur des répondants, afin d'être bien certaine que ni l'accusé ni l'amende ne lui échapperont.

C'est là ce que nos diplômes appellent *tollere fidejussores*. Il y a sur cette pratique un texte qui, bien qu'il soit postérieur à l'époque qui nous occupe, mérite d'être cité. On y voit des évêques se plaindre « d'une coutume oppressive qui s'est établie ; les comtes et juges royaux obligent par force les prêtres à venir à leurs plaids ; ils les saisissent comme répondants, aussi bien que s'ils étaient des laïques[1]. » On devine aisément ce qu'il y avait de cruel pour des hommes qui étaient occupés ou de leur sacerdoce, ou de leur travail, ou de leur culture, à être ainsi mis en réquisition et enlevés à leur foyer, pour arrêter un accusé, pour le garder, pour le conduire au tribunal ; on devine surtout quelles pouvaient être les conséquences de cette responsabilité, et combien d'hommes elle conduisait à la ruine. L'immunité, en interdisant au fonctionnaire royal de saisir des répondants dans l'intérieur du domaine, accordait donc un privilège précieux.

Mais voici la conséquence. Cette saisie des répondants était le principal moyen de police judiciaire. Supprimez-la, il n'y a plus de justice. Le comte ne pourra plus obliger l'habitant du domaine privilégié à comparaître à son tribunal. S'il prononce un jugement contre cet homme, il n'aura plus la garantie du payement de l'amende. Ainsi, la clause qui défend au comte de saisir des répondants équivaut pour lui à la défense de juger. Déjà on lui a interdit de faire aucun acte judiciaire dans les limites du domaine privilégié ; maintenant on lui ôte le moyen d'appeler à lui les hommes de ce domaine et de les juger dans son plaid, à moins qu'ils n'y viennent volontairement.

comitatum fugit per fidejussores constringat ut, velit nolit, illuc reveniat et ibi malum emendet ubi illud perpetravit (Capitul. Caroli Calvi, XLV, 1, dans Baluze, II, 227).

1. In sua parochia gravissima increvit consuetudo quod comites atque judices seu ministri illorum, sacerdotes Domini sive reliquos ecclesiae ministros ad placitum suum ducere et fidejussores tollere atque eos more laicorum distringere praesumant (Diplôme de Charles le Simple dans les Historiens de France, t. IX, p. 479).

Quelques diplômes ajoutent encore une interdiction qui est formulée en ces termes : « *Neque ad homines distringendos*[1]. »
Ce mot *distringere*, dans la langue mérovingienne, s'entend de
toute espèce de contrainte, aussi bien de la contrainte par corps[2]
que de la contrainte par saisie des biens[3]. Il désigne spécialement
la contrainte pour exécution des arrêts de justice[4]. C'est tout
cela qui est interdit à l'officier royal. Par conséquent, si l'un des
hommes de l'immunité est accusé d'un crime ou d'un délit, le
comte ne pourra ni se saisir de sa personne ni mettre la main
sur ses biens. Il n'aura donc pas le moyen d'exécuter son
jugement.

En résumé, grâce à cette série de précautions que le roi prend
contre son propre agent, celui-ci n'a plus aucune juridiction sur
les hommes du domaine privilégié, et toute action judiciaire sur
eux lui est devenue impossible.

1. *Diplomata*, n°ˢ 242, 258, 291, 417, 507, 515. — Marculfe, I, 4 : neque
homines ipsius ecclesiae de quaslibet causas distringendum. — Diplôme de
Childebert III en faveur de Saint-Maur : nec homines tam ingenuos quam servientes distringendum.

2. Ad latrones distringendos (*Capitularia*, III, 87; Baluze, I, 770). — Si quis
contempserit, comes eum distringere faciat (Capit. de 756, art. 3; Baluze,
I, 178).

3. Ut veniant ad mallum, per res et mancipia et mobile distringantur (Capit.
de 873, art. 3; Baluze, II, 228). — Si jussa facere neglexerint, licentiam eos
distringendi comitibus permittimus per ipsas res (Capit. de 812; Baluze, I, 547).

4. Ille rex illi comiti. Jubemus ut... vobis distringentibus memoratus ille
partibus istius componere et satisfacere non recuset (Formule de Sirmond, 33,
Rozière, n° 445, Zeumer, p. 155).

VII.

Nous arrivons à une autre série de privilèges, qui se présentent encore, comme les précédents, sous la forme d'interdictions adressées par le roi à ses propres officiers.

« Ni vous ni les agents sous vos ordres, vous ne vous permettrez de prendre gîte dans les maisons ou sur les terres de cette église[1]. » On sait qu'au temps de l'empire romain, les fonctionnaires et soldats en voyage avaient le droit de gîte chez les particuliers[2]. Les chefs barbares n'étaient pas pour renoncer à cet avantage. Ils n'eurent pas à l'instituer ; ils n'eurent qu'à laisser leurs officiers en continuer la pratique. La loi des Ripuaires prononce l'énorme amende de 60 *solidi* contre celui qui aura refusé sa maison à un envoyé du roi, « à moins qu'une immunité royale ne l'ait déchargé de cette obligation[3]. »

Au droit de gîte se joignait presque toujours ce que nos diplômes appellent *paratæ*, littéralement le repas préparé, ou plutôt

---

1. Nec mansionem facere (Marculfe, I, 3 ; I, 4 ; *Diplomata*, nᵒˢ 58, 258, 291, 336, 367, 403, 428, 436, 463, 482, 486, 487, 495, 507, 515, 522, 568).

2. C'est ce qu'on appelait *hospitium*, ou *metatum*. Voyez Ulpien, au Digeste, L, 4, 3, § 13 et 14 ; id., ibid., I, 16, 4 ; I, 18, 6, § 5 ; L, 5, 10. — Code Théodosien, VII, 8, *de metatis ;* VII, 9, *de salgamo hospitibus non praebendo.* — Code de Justinien, XII, 40 ; XII, 41.

3. *Lex Ripuariorum*, LXVII : Si quis legationem regis vel ad regem seu in utilitatem regis pergentem hospitio suscipere contempserit, nisi emunitas regis hoc contradixerit, sexaginta solidis culpabilis judicetur. — Cf. *Capitularia*, III, 39, dans Baluze, I, 761 : De missis nostris discurrentibus vel ceteris hominibus propter utilitatem nostram iter agentibus, ut nullus eis mansionem contradicere praesumat.

4*

toutes les fournitures nécessaires au repas[1]. Or, nous devons bien penser qu'à cette époque un envoyé du roi, un *missus*, un duc, un comte, ne voyageait pas seul. Il avait sa suite d'agents subalternes et de soldats. Il fallait nourrir tous ces hommes, les défrayer de tout, nourrir aussi leurs chevaux et souvent leur en fournir. Nous savons par une formule de Marculfe que le gouvernement essaya d'établir une sorte de tarif. Tout envoyé du roi devait être porteur d'une lettre qui marquait ce qu'on devait lui fournir chaque jour, « tel nombre de pains blancs, tant de mesures de vin, tant de livres de viande de bœuf et de porc, tant d'agneaux, tant de poulets et de faisans, telle quantité d'huile, de miel, de poivre et d'épices, tel nombre enfin de voitures de foin pour ses chevaux[2]. » Nous doutons un peu qu'un tarif régulier ait été appliqué. Le puissant fonctionnaire était à peu près le maître de prendre ce qu'il voulait. Grégoire de Tours nous montre un duc arrivant en Anjou avec une suite nombreuse, *cum magna potentia;* il ruine les habitants en leur prenant tout ce qu'il trouve, grains, fourrages, vins, et le reste; et il interprète son droit de gîte de telle façon que, pour peu que les clefs se fassent attendre, il brise les portes[3]. Ces déprédations légales se renouvelaient à chaque visite d'un *missus*, au passage de chaque ambassadeur, à chaque tournée administrative ou judiciaire du comte ou du vicaire. On peut remarquer dans Grégoire de Tours que les fonctionnaires mérovingiens se déplaçaient bien souvent. Chaque déplacement leur donnait le droit de vivre

---

1. Neque paratas facere (Marculfe, I, 3 ; I, 4). — Nec mansiones aut paratas faciendum (Dipl. de Childebert III pour Saint-Maur). — Cf. *Diplomata*, nᵒˢ 258, 291, 336, 367, 403, 436, 463, 486, 507, 515, 522.

2. Marculfe, I, 11 : Jubemus ut eis evectio ministretur, hoc est, veredos sive paraveredos tantos, pane nitido modios tantos, vino modios tantos, lardo libras tantas, carne libras tantas, porcos tantos, vervices tantos, agnellos tantos, aucas tantas, fasianos tantos, pullos tantos, oleo libras tantas, garo libras tantas, melle tantas, cumino tantas, pipere tantas, cinamo tantas... item victum ad caballos, foeno carra tanta, etc. Marculfe ne donne pas les chiffres; ceux-ci variaient, bien entendu, suivant le rang des personnages. Comparer un capitulaire de 829, dans Baluze, I, 671.

3. Grégoire de Tours, *H. F.*, VIII, 42 : multa mala gessit, ita ut annonas, foenum, vinum et quidquid reperire potuisset in domibus civium, nec exspectatis clavibus, disruptis ostiis, devastaret. — Il va sans dire que les rois avaient aussi le droit de gîte et que leur suite abusait aisément de ce droit; c'est ce que fait entendre Grégoire de Tours, VI, 31 : ubi cum resedisset rex, magnum dispendium rerum incolis intulit.

aux dépens des populations. C'était peut-être, avec les amendes, le plus clair des revenus de leur emploi [1].

On comprend donc que ceux qui demandaient aux rois des chartes d'immunité aient tenu à y faire inscrire l'exemption du droit de gîte et des prestations. C'était s'affranchir de frais, de gênes, d'abus de toute sorte. Toutefois, il ne doit pas nous échapper que ce droit de gîte et ces prestations, suivant les idées et les pratiques du temps, faisaient partie des impôts publics. Les faire disparaître sur les terres privilégiées, ce n'était pas seulement écarter un abus, c'était abolir, sur ces terres, une des formes des contributions d'Etat.

Les rois ne gardèrent pas mieux les autres impôts. « Nul de nos officiers n'entrera sur ces terres pour y faire aucune réquisition[2], pour y lever aucune des redevances auxquelles le fisc royal avait pu jusqu'ici avoir droit[3]. » Nos diplômes sont très clairs sur ce point. Quelques-uns emploient l'expression *functiones publicæ* qui, depuis plusieurs siècles, désignait les contributions publiques[4]. D'autres emploient le mot *tributa* ou le mot *inferenda* qui avaient le même sens[5]. La plupart, sans désigner les impôts par leurs noms, se servent d'une périphrase très nette et qui ne prête à aucun malentendu : « Tout ce qui avait pu jusqu'à présent revenir au fisc royal » ; « tout ce que nos fonctionnaires

1. Notons bien que, par les termes de ces chartes d'immunité, le roi enlève le droit de gîte et les prestations à ses fonctionnaires, mais non pas à lui-même.

2. Nulla judiciaria potestas... ad aliquid exactandum ingredi praesumat (dipl. de 635, n° 270). — Nec aliquid exigendum (dipl. de 661, n° 341). — Nullam requisitionem vel injunctionem (dipl. de 683, n° 402). — Nec judiciaria potestas ullam requisitionem exinde requireret (dipl. de 705, n° 463). — Nec nullam redibutionem requirendam (Marculfe, I, 4). — Nec quaslibet redibutiones exactare praesumat (dipl. de 673, n° 367). — Nec nullas redibutiones requirendum (dipl. de Childebert III pour Saint-Maur). — Voyez encore les diplômes n°ˢ 402, 403, 417, 495, 507, etc.

3. Quidquid fiscus undecunque potuerat sperare (Marculfe, I, 3). — Quod fiscus noster exinde accipere aut sperare potuerat (dipl. de Childebert III pour Tussonval).

4. Tam freda quam reliquas functiones (dipl. de 673, n° 368). — Nullas functiones publicas requiratis (dipl. de 682, n° 400). — Nec ullas functiones requirendas (dipl. attribué à Clovis, n° 58). — Cf. Chlotarii constitutio, c. 11 : Ecclesiae vel clericis nullam requirant agentes publici functionem qui immunitatem meruerunt. Voyez aussi Marculfe, II, 2 (Rozière, n° 578) : ut remota... publicorum omnium potestate, nullas functiones vel exactiones... requiratis.

5. *Diplomata*, n°ˢ 144, 168, 372; *Gesta Dagoberti*, 37. Le mot *inferenda* est encore rare dans les documents mérovingiens.

avaient perçu jusqu'ici »; « tout ce qu'il avait été d'usage de rendre à notre fisc[1]. » Ainsi, ce que le roi interdit à ses agents, ce ne sont pas seulement les perceptions abusives et arbitraires, c'est la perception des véritables impôts publics, des impôts les plus réguliers.

Encore faut-il faire attention que les chartes d'immunité n'abolissent pas précisément ces impôts. Elles ne disent pas que les terres privilégiées n'en payeront plus. Elles disent seulement que le fonctionnaire royal n'entrera plus sur ces terres pour les percevoir.

Qui donc lèvera désormais ces contributions? Cela est sous-entendu dans la plupart des chartes, et exprimé formellement dans quelques-unes; ce sera le grand propriétaire, c'est-à-dire l'évêque ou l'abbé, par ses agents. « Que l'évêque ou ses agents lèvent les 200 solidi d'*inferenda* et 200 autres solidi d'*aurum pagense* qui revenaient à notre fisc du fait de cette *villa* et de ces *curtes*[2]. »

Quelquefois les rédacteurs des actes prennent soin de stipuler que le produit de l'impôt ainsi perçu sera porté au trésor public. Nous lisons dans un diplôme de 705 : « Le vénérable homme Théodebert, abbé du monastère de Saint-Serge, est venu en notre présence et nous a fait savoir que les *curtes* appartenant à cette basilique, à savoir les domaines appelés Marentius, Silviliacus, Taunucus, Noviliacus, Sénona et Généhonnus, rendaient au fisc, chaque année, à titre d'*inferenda*, six solidi, et six autres solidi à titre d'*aurum pagense;* mais notre aïeul Clovis et notre père Thierri ont accordé au monastère par lettres signées de leur main

1. Quidquid fiscus noster poterat exactare (dipl. de 637, n° 281). — Quod ad nostrum fiscum sperari videtur (dipl. de 713, n° 486). — Quidquid fiscus noster exinde poterat exactare (dipl. de 716, n° 495). — Quod judices requirere poterant (dipl. de 697, n° 444). — Quod partibus fisci nostri fuit consuetudo reddendi (dipl. de 627, n° 242). — Quod fisci nostri ditionibus debuerant inferre (dipl. de 683, n° 402). — Remotis et resecatis omnibus petitionibus de partibus fisci (dipl. de 673, n° 367 ; de 683, n° 403).

2. Ipse pontifex aut agentes sui ill. cc inferendales et alios ducentos auri pagensis, quod ad fiscum nostrum de ipsa villa vel de ipsis curtis suis vel ecclesiis suis et monasteriis reddebantur, debeant transsolvere (dipl. de 713, n° 486). — Ipse Berarius pontifex aut agentes sui cc inferendales et alios cc auri pagensis quod a fisco nostro de ipsis villulis vel de curtis suis reddebantur, ipse vel successores sui debeant reddere (dipl. de 722, n° 522). — Quidquid exinde fiscus noster potuerat sperare, per manus agentium eorum... (dipl. de 743, n° 568). — Homines ingenui qui in mundeburde monasterii... ab actoribus praefati monasterii impendant (dipl. de 683, n° 402).

qu'aucun fonctionnaire public n'entrât dans ces *curtes* pour y
faire aucune perception ; et ils ont voulu que cette contribution
fût portée chaque année au trésor public par l'abbé ou par ceux
qu'il en chargerait. Nous renouvelons cette faveur, et voulons qu'aucun de vous ni de vos subordonnés ne se permette
de rien percevoir de ce qui était dû à notre fisc, mais que les
12 solidi soient portés à notre trésor par l'abbé ou par son
envoyé[1]. »

Quand cette clause se trouve dans un diplôme, il est visible
que la terre privilégiée n'est pas exemptée de l'impôt. L'impôt
public subsiste ; seulement, au lieu d'être perçu par le fonctionnaire du roi, il est perçu par le grand propriétaire qui en verse le
produit aux mains du roi.

Mais cette clause, qui a pu être fréquente, se rencontre rarement dans les diplômes qui nous ont été conservés. Elle a disparu
et a été remplacée par une clause absolument contraire, qui est
conçue en des termes tels que ceux-ci : « Tout ce que notre fisc
avait coutume de percevoir sur leurs hommes et sur tous ceux
qui habitent leurs terres, nous, par notre bonté, nous le remettons
et concédons aux moines, afin que cela serve à l'entretien du saint
lieu[2]. » Il est clair qu'ici l'Etat fait réellement abandon de l'impôt.
Seulement, il importe de remarquer que cet abandon de l'impôt
n'est pas général. La clause qui le constate ne se trouve pas dans

1. Diplôme de Childebert III, n° 463. — Voyez de même un diplôme de 713,
n° 486 : quod in sacello publico fuit consuetudo reddendi, ipse pontifex vel
successores sui per missos hoc debeant reddere. — Voyez encore le diplôme
de 722, n° 522, cité plus haut.

2. Marculfe, I, 3 : Quidquid exinde aut de ingenuis aut de servientibus ceterisque nationibus qui sunt infra agros vel fines seu supra terras praedictae ecclesiae conmanentes, fiscus aut de freda aut undecunque potuerat sperare, ex
nostra indulgentia pro futura salute in luminaribus ipsius ecclesiae per manum
agentium eorum proficiat in perpetuum. — Id., I, 4. — Quidquid de freciis
aut de reliquiis fiscus augmentare potuerat, ad ipsos pauperes proficiat in
augmentis (dipl. de 635 en faveur des *matricularii* de Saint-Denis). — Quidquid fiscus de eorum hominibus aut ingenuis aut servientibus aut in eorum
agris conmanentibus poterat sperare, ex indulgentia nostra, in luminaribus
ipsius sancti loci vel stipendia servorum Dei debeant cuncta proficere (dipl.
de 635, n° 270). — Quidquid fiscus poterat sperare aut solebat suscipere, ex
indulgentia nostra, ipso sancto loco remittimus et concedimus (dipl. de 661,
n° 341). — Ipse abbas... hoc habeat indultum atque concessum (dipl. de 682,
n° 400). Quod fisci nostri ditionibus debuerant inferre, hoc ad ipsam congrega-
tionem concedimus ut hoc habeant concessum atque indultum (dipl. de 683,
n° 402). Voyez encore les diplômes n°ˢ 242, 281, 337, 436, 444, 495, 542, 568.

la majorité des diplômes[1]. Là où elle se trouve, elle est placée à
la fin de l'acte, et elle semble une addition. Elle n'est pas de
l'essence de l'immunité; elle s'ajoute à l'immunité. Par l'immunité proprement dite, le roi a écarté seulement le percepteur
royal en se réservant le produit net de l'impôt. Puis, par une
faveur distincte et peut-être postérieure, il a fait don au monastère de ce produit de l'impôt.

Tenons pour certain que les rois Francs n'ont aboli volontairement aucune des contributions que le gouvernement romain
avait instituées. Mais il leur est souvent arrivé d'abandonner,
par une faveur toute personnelle, les fruits de l'impôt à un évêque,
à un abbé, même à un laïque. Nous avons un diplôme par lequel
un roi décide que les habitants de deux villages, lesquels avaient
jusqu'alors payé au fisc les *freda* et les *functiones*, les payeront
désormais à l'abbé d'un monastère voisin[2]. Il y a lieu de penser
que cette sorte de concession n'a pas été rare.

On fit de même pour les impôts indirects. Le tonlieu romain
était passé aux mains des rois Francs[3], ainsi que les droits de
passage qui étaient compris sous les noms de *transitus publicus*,
de *rotaticum*, de *pontaticum*. Rien de tout cela ne disparut du
nouveau royaume; mais les rois en firent des dons par une série
de faveurs particulières. Il faut d'ailleurs, au sujet de ces impôts
indirects, distinguer trois sortes de concessions. Quelquefois le
roi se contente de dire que ses officiers n'entreront pas sur les
domaines privilégiés pour y lever le tonlieu[4], ce qui implique
la suppression de cet impôt dans l'intérieur des domaines
de l'immuniste. D'autres fois, le roi exempte l'immuniste et
tous ses hommes, agents ou serviteurs, de payer aucun tonlieu
ni aucun droit de passage, pour eux ni pour leurs marchan-

1. L'abandon du *jus fisci* se trouve nettement exprimé dans 16 de nos
diplômes mérovingiens.

2. Diplôme de 673, n° 368 : Childebertus... cognoscat magnitudo seu utilitas
vestra quia nos homines illos qui commanent in Monasensisheim et Onenheim,
quantumcunque ipsi ad partes fisci nostri reddebant, tam freda quam reliquas
functiones, Valedio abbati visi sumus concessisse... Totum et ad integrum
Valedio abbati omnes functiones reddere debeant.

3. Edictum Chlotarii, art. 9 : De teloneo, per ea loca debeat exigi vel
de speciebus ipsis de quibus praecedentium principum tempore est exactum.

4. *Diplomata*, n°s 258, 291, 367, 403. Nullus judex publicus ad telonea exi-
genda ingredi audeat (n° 291). — Nullus judex publicus... nec rotaticum infra
urbes vel in mercatis extorquendum (n° 367). — C'est ici la *teloneorum remis-
sio* dont parle Flodoard, *Hist. eccl. remensis*, II, 11.

dises, dans tout le royaume[1]. Ici, le privilège est beaucoup plus important, et l'on peut deviner à quelles conséquences il conduisait; le monastère immuniste pouvait devenir une sorte de grand commerçant privilégié. D'autres fois enfin, le roi fait don à un monastère ou à une église du droit de percevoir à son profit le tonlieu et tous les droits de passage qui sont maintenus sur une rivière, sur une route ou sur un pont[2]. En ce cas, l'impôt subsiste, mais il devient la propriété particulière d'une église ou d'un couvent.

Ainsi, la concession d'immunité, sans être précisément l'abandon des impôts publics, a abouti naturellement à cet abandon. Il n'est pas besoin de dire qu'elle a porté le désordre dans toute l'administration financière que les rois avaient héritée de l'empire romain.

VIII.

On a reconnu, dans ce qui précède, que l'immunité n'était pas précisément l'abandon de l'autorité royale. Ce qu'elle supprimait, c'était l'autorité administrative. La royauté gardait, au moins en principe, tous ses droits; elle renonçait seulement à les faire

1. Diplôme de 660, n° 337 : Tale nos actoribus seu discursoribus monasterii praestitisse beneficium ut quoties monachi, missi, vel discursores ipsius monasterii, partibus Provinciae vel per reliqua loca, ad cappas comparandas aut reliquas opportunitates monasterii exercendum , seu cellarium fuerint egressi mercandum in quibuslibet locis, ubicunque teloneum, pontaticum, rotaticum ceterasque redibitiones fiscus noster a discursoribus seu iter agentibus exigere consuevit, habeant hoc monachi indultum atque concessum. — Diplôme de Thierri III, ann. 681, aux Arch. nat. K, 2. Pardessus, n° 397. — Diplôme de Chilpéric II, pour Saint-Denis, 716, aux Archives nationales, K, 3, 18 : tam in Massilia quam et per reliqua loca, ubicunque teloneus, portaticus, pontaticus, rotaticus... a judicibus publicis exigitur, nullatenus requiratur, nec exigatur. Cf. Flodoard, *Hist. eccl. rem.*, II, 7. — La même immunité a été accordée quelquefois à des laïques : Voy. la formule 45 de l'*appendix ad Marculfum* (Rozière, n° 31 ; Zeumer, p. 201).

2. Diplôme de 562, n° 167, en faveur de l'église de Tournai : Teloneum de navibus super fluvio Scalt... de quolibet commercio... vel de omnibus venalibus unde teloneus exigitur, ... nostra gratia visi sumus concessisse. Sur l'authenticité de ce diplôme, qui n'est pas à l'abri du soupçon, voir les *Prolégomènes*, p. 31. — Cf. diplôme de 651, n° 319 : Teloneum quod ad portum Vetraria... quod judices vel agentes nostri ad portus ipsos tam quod navalis evectio conferebat, aut undique negotiantum commercia in teloneo aut ripatico in fisco nostro solebant recipere, ... ad monasterium concedimus. Cf. *Vita S. Remacli*, c. 20 : Rex legavit Remaclo quaedam in Aquitania, puta telonium in portu Vetraria, etc.

exercer par ses agents. Dans aucune de nos chartes, le roi ne fait
le sacrifice de sa juridiction ; là même où il fait don de l'impôt par
faveur spéciale, il ne dit pas qu'il n'ait pas le droit de lever
l'impôt et qu'il ne le lèvera jamais. Pas un mot n'implique que le
concessionnaire, affranchi de l'obéissance envers le comte, soit
affranchi de l'obéissance au roi. Nous avons un diplôme de 632,
dans lequel le roi, après avoir énuméré les privilèges qu'il accorde,
ajoute : « Nous voulons que l'évêque possède ses domaines en
pleine immunité, paisiblement et sans nul obstacle, et qu'il obéisse
fidèlement à notre autorité[1]. » Ces derniers mots semblent comme
la condition même du privilège. Il est vrai que nous ne trouvons
cette condition littéralement exprimée que dans un seul des diplômes
mérovingiens[2] ; mais elle était contenue implicitement dans les
autres. Qu'on lise, en effet, ces diplômes, qu'on en observe le style
et le ton, on y reconnaîtra bien que la royauté, loin de s'effacer,
s'affirme. Le concessionnaire n'y est qu'un humble solliciteur et
le diplôme commence toujours par rappeler sa prière, *petitio*,
preces. Puis, la suite marque bien que l'immunité n'est pas un
droit ; elle est une faveur, *beneficium ;* le roi l'accorde par pure
bonté, *ex indulgentia sua*. En l'accordant à un évêque ou à un
abbé, le roi n'entend pas cesser d'être roi à son égard. S'il s'agit
d'un laïque, la faveur n'est accordée qu'en considération de sa
fidélité, *ex respectu fidei suæ*[3] ; chacun comprend par ces mots
que, pour que la faveur dure, il faudra que la fidélité se continue.
Ni le roi, qui donne l'immunité, n'a conscience qu'il amoindrisse
ses droits ; ni le concessionnaire n'a l'idée qu'il s'affranchisse du
roi. Cela est si vrai qu'à chaque décès on renouvelle l'humble
demande.

Dire que les rois renonçaient par l'immunité à régner sur une
partie de leurs sujets, c'est parler suivant nos idées modernes. De
nos jours, en effet, s'il était possible qu'un souverain accordât des
concessions de cette nature, chacun des concessionnaires devien-
drait aussitôt indépendant du prince et de tout pouvoir social.
Mais les hommes du VIIe siècle avaient dans l'esprit des idées que
nous n'avons plus ; ils concevaient, en dehors de tout système

---

1. Diplôme de Dagobert Ier, n° 258 : Liceat praefato praesuli suisque successoribus omnia praefata monasteria, villas, vicos et castella quieto ordine possidere et nostro fideliter parere imperio.

2. Elle est devenue fréquente dans les diplômes carolingiens.

3. Marculfe, I, 17 ; *Formules*, éd. Rozière, n° 152, page 196.

administratif, une façon de gouverner l'homme directement, individuellement, sans intermédiaire d'agents et sans action de lois générales.

Le principe sur lequel reposait ce mode de gouvernement était ce qu'en langue germanique on appelait mundebour ou mainbour, ce qu'en langue latine on appelait protection, *tuitio*, *defensio*. Un homme demandait au roi de le prendre sous sa mainbour ou défense; le roi l'acceptait, *suscipiebat* [1]; dès lors, un lien personnel se trouvait établi entre le roi et cet homme. L'autorité royale ne disparaissait pas; elle changeait seulement de nature. Elle ne s'appelait plus autorité, mais protection. L'obéissance ne s'appelait plus sujétion, mais fidélité. Ne pensons pas d'ailleurs que l'autorité et l'obéissance fussent amoindries; elles étaient plutôt fortifiées, ou du moins on le croyait; car l'autorité s'exerçait directement, l'obéissance se donnait sans intermédiaire, et ni l'une ni l'autre n'avait de limites légales.

Ces idées étaient-elles germaniques ou romaines, on ne saurait le dire; car, d'une part, on ne peut les constater ni dans ce qu'on sait de l'ancienne Germanie ni dans ce qu'on sait de l'empire romain, et, d'autre part, on les voit régner, au viiᵉ siècle, aussi bien chez l'une que chez l'autre race. Il est possible qu'elles soient venues à l'esprit des hommes à la suite du désordre général qui accompagna les invasions. Elles grandirent à mesure que l'autorité publique s'affaiblit. Elles prirent de la force dans les interminables guerres civiles des princes mérovingiens.

Elles se répandirent bien vite dans tous les esprits. Nous les constatons d'abord chez les rois eux-mêmes. Il ne paraît pas que les princes Francs aient bien compris le système administratif des Romains; ils le laissèrent debout, comme tout le reste : ils en usèrent comme d'un moyen commode de lever les impôts, de brider les populations et de récompenser leurs fidèles; mais il ne semble pas qu'ils en aient jamais apprécié les avantages politiques. Ils furent toujours en défiance à son égard, et la manière même dont ils distribuaient les fonctions administratives marque le peu de cas qu'ils faisaient du système. Sans réflexion, ils tra-

---

1. Formules de Marculfe, I, 24; Lindenbrog, 38 et 177 (Rozière, nᵒˢ 9, 10, 11). *Diplomata*, nᵒˢ 168, 190, 372, 531, etc. — *Lex Ripuariorum*, LVIII, 12, 13. — *Lex Salica*, XIV, 5; XIII, 3; Chlodovei capit. add. c. 7, dans Pertz, *Leges*, t. II, p. 4; Behrend, p. 90. — Grégoire de Tours, IX, 19 et 27; IX, 42.

vaillèrent contre leur propre administration et firent tout ce qu'il fallait pour qu'elle tombât. Ils inclinaient, sans s'en rendre bien compte, vers une autre forme de gouvernement, dans laquelle il n'y aurait plus d'administration.

Les populations pensaient de même. L'agent administratif, duc, comte, centenier, leur apparaissait comme un maître, un maître tout proche et présent, le maître qu'on déteste. Elles le voyaient s'enrichir à leurs dépens, n'être payé que de ce qu'il leur enlevait. Forcément, il abusait de son pouvoir comme juge, il abusait de son pouvoir comme percepteur des impôts. Il n'y avait pas à attendre de lui une protection, parce que presque jamais il n'avait intérêt à protéger. Au contraire, le roi était loin ; le mal qu'il pouvait faire était moindre, était plus rare, et en tout cas se voyait moins. La pensée de se faire protéger par lui contre l'agent administratif venait naturellement. Il était doux de pouvoir opposer au duc ou au comte la lettre de mainbour qu'on tenait du roi. Ainsi les hommes croyaient trouver un grand profit à supprimer l'intermédiaire administratif; ils croyaient devenir plus libres en dépendant directement du roi.

L'Eglise partageait ces idées, qui se trouvaient conformes à ses intérêts. Sans doute, les rois lui faisaient sentir leur autorité, parfois même d'une main assez lourde; mais elle avait bien plus à souffrir de l'autorité toujours présente et toujours active du comte. Le grand intérêt du moment était que l'évêque fût le maître dans sa cité, l'abbé dans son couvent et sur les vastes terres qui en dépendaient. Or, c'était précisément cette indépendance locale que le comte leur contestait[1]. Il était et serait toujours un concurrent. Il fallait le supprimer ou le réduire à l'inaction. En s'attachant directement au roi, l'évêque ou l'abbé aurait sans doute à obéir encore, mais du moins il serait obéi chez soi, et c'était la conquête la plus urgente.

A ces idées, vagues chez les uns, claires chez les autres, l'immunité répondait admirablement. Détruire d'un seul coup tout le corps administratif, nul n'aurait osé y songer. Créer un gouvernement où les hommes auraient été liés au roi directement par le contrat de fidélité, était une révolution impossible à faire d'un seul coup. Mais supprimer, sur tel ou tel domaine désigné, l'auto-

---

1. Sur l'hostilité entre l'évêque et le comte, voyez de nombreux exemples dans Grégoire de Tours, III, 16 ; IV, 40 ; V, 48 ; VIII, 20 ; VIII, 43, etc.

rité de l'administrateur et lui substituer l'autorité directe du roi, cela paraissait naturel et était toujours possible. C'est ce qui fut fait par l'immunité. En effet, le diplôme de concession interdisait « l'entrée du domaine » au fonctionnaire et à ses agents; il lui défendait d'agir comme juge, comme receveur d'impôts, comme administrateur. Dès lors, l'immuniste n'avait plus personne entre le roi et lui; il se trouvait tout naturellement rattaché au roi sans intermédiaire. Or, ce lien personnel, d'après les habitudes du temps, devenait presque inévitablement un lien de mainbour. C'est ce que l'observation des textes va nous montrer.

On sait qu'en dehors des chartes qui conféraient l'immunité, il y avait des chartes par lesquelles les rois accordaient spécialement leur mainbour ou protection. Il est assez probable qu'à l'origine la mainbour et l'immunité n'étaient pas la même chose; mais elles se ressemblaient beaucoup. Prenons comme exemple la charte de mainbour accordée par Childebert Ier au monastère d'Anisola; nous y voyons le roi déclarer « que l'abbé Daumérus lui a demandé de le recevoir, lui et tous ceux qui dépendent de lui, sous la parole de sa protection et dans sa mainbour; » le roi exauce cette demande, et, comme conséquence, il dit à ses fonctionnaires : « Ni vous ni vos agents ni vos successeurs ni les envoyés de notre palais vous ne serez assez téméraires pour troubler le repos de l'abbé ni des hommes qui dépendent de lui; vous ne prononcerez aucune condamnation contre eux, vous ne lèverez pas l'impôt sur eux, vous ne diminuerez en quoi que ce soit leur avoir[1]. » Voilà une charte de mainbour qui entraîne après elle l'immunité. Clotaire Ier, dans un diplôme en faveur du monastère de Réomé, écrit « qu'il reçoit l'abbé Silvester sous son immunité et défense[2]. » Voilà encore une charte où la mainbour et l'immunité

---

1. Diplôme de 546, n° 144 : Venerabilis vir Daumerus ... missa petitione clementiae regni nostri expetiit ut eum et ipsum monasterium una cum omnibus rebus vel omnibus suis... sermone tuitionis nostrae vel mundeburde recipere deberemus. Quod nos gratanti animo illi praestitisse cognoscite. Quapropter per praesentem jubemus praeceptum ut neque juniores vestri aut successores, missi de palatio nostro discurrentes, ipsi Daumero abbati vel monachis ipsius... nec condemnare nec inquietare, nec inferendas sumere, nec de res eorum aliquid minuere praesumatis. — Cf. diplôme de 528, n° 111 : Jubemus ut neque vos neque successores vestri in causas aut in rebus monasterii ingredere praesumatis.

2. *Diplomata*, n° 136 : genitor noster Chlodoveus monasterium Johannis sub sua *emunitate* recepit... Ita et nos Silvestrum abbatem sub nostra *emunitate*

sont associées. Le diplôme, qui est attribué à Clovis et que nous croyons postérieur à ce prince, marque très nettement cette réunion de deux choses originairement diverses : « La terre que nous accordons à Jean, nous et nos successeurs la tiendrons en notre défense, protection et immunité, et elle ne sera soumise à aucune dignité séculière[1], » c'est-à-dire à aucun agent royal.

Au VIIIe siècle, un diplôme est conçu ainsi : « L'abbé Maurus nous a demandé que lui et tous les hommes et biens du monastère fussent reçus par nous sous notre mainbour et défense. Sachez que nous lui avons accordé ce qu'il demandait. En conséquence, ni vous ni vos gens vous n'agirez contrairement aux intérêts de l'abbé ni de ses hommes, vous ne prononcerez aucune condamnation contre eux, vous n'enlèverez rien de leurs biens; mais ils vivront avec le privilège d'immunité et sous notre mainbour[2]. »

Est-ce la mainbour qui a entraîné l'immunité? Est-ce l'immunité qui a entraîné la mainbour? on ne saurait dire laquelle a précédé et a provoqué l'autre. Ce qui est certain, c'est qu'elles sont à peu près inséparables. La mainbour royale soustrait la personne du concessionnaire à l'autorité des agents royaux. L'immunité soustrait les terres du concessionnaire à l'autorité de ces mêmes agents. Entre ces deux actes si semblables l'un à l'autre, qui émanent du même roi, qui sont accordés à la même personne, qui sont rédigés en termes analogues et qui écartent les mêmes fonctionnaires, la confusion s'est bientôt faite. De là, les expressions singulières que l'on remarque dans beaucoup de diplômes. Au lieu de dire : nous accordons l'immunité[3], le roi dit: nous accordons la protection de notre immunité, nous recevons ce monastère

---

ac defensione recipimus, decernentes ut semper sub nobis et nostris successoribus tam abbas quam monachi maneant.

1. *Diplomata*, n° 58 : Locellum suum nostrae Celsitudini tradidit et commendavit ut sub nostra *emunitate et mundiburdio* maneat... Reges teneant in *defensione et immunitate*, nullique unquam dignitati subdatur.

2. Diplôme de 724, n° 531 : Petiit ut eum cum omni familia rebusque monasterii sub nostro *mundiburdio* et *defensione* reciperemus... Quapropter decernimus ut neque vos neque juniores vestri seu successores ipsum abbatem vel homines suos injuriari neque condemnare, nec ei rem irrationabilem facere, neque de rebus ad se pertinentibus quippiam auferre praesumatis, sed liceat ei suisque sub *emunitatis titulo* et nostro *mundiburdio* vel *defensione* quietos residere. — Nous devons noter qu'il y a des raisons de croire que ce diplôme n'a été écrit qu'au IXe siècle, après l'incendie du couvent de Maurmunster en 828. Il n'est peut-être qu'une copie faite de mémoire d'un diplôme brûlé. — Cf. diplôme de 748, n° 599, où l'on remarque le mot *commendare*.

3. Diplôme de 627, n° 242 : Immunitatis tuitionem dedimus.

sous la défense de notre immunité[1]. Les deux expressions sont associées, parce que les deux choses sont confondues.

Que l'on compare les formules qui concernent spécialement la mainbour à celles qui concernent l'immunité, on sera frappé de la ressemblance. Voici celle que donne Marculfe[2] : « Charte de mainbour royale. Nous faisons savoir à votre grandeur et à votre zèle que, sur la demande de l'évêque un tel, nous l'avons reçu sous le couvert de notre protection avec tous les hommes et biens qui dépendent de lui. En conséquence, nous ordonnons que ni vous ni vos agents vous ne fassiez aucun mal ni n'apportiez aucun trouble à lui ni à ses hommes, et, s'il surgit quelque procès qui ne puisse être jugé sans grand dommage pour lui à votre tribunal, la cause sera réservée pour être jugée devant nous. » Cette formule nous offre les mêmes éléments que la formule d'immunité. Ce sont les mêmes formes; c'est aussi le même fond. La concession consiste dans les deux cas à écarter le fonctionnaire public et à lui interdire toute action. Les deux formules diffèrent par quelques expressions; les effets sont les mêmes. L'un des actes s'appelle mainbour, l'autre s'appelle immunité; la protection royale est mieux marquée dans le premier, les privilèges de l'immuniste sont énumérés plus longuement dans le second. En réalité, ils produisent les mêmes conséquences. La charte de mainbour, qui écarte le fonctionnaire, contient virtuellement l'immunité; et de même la charte d'immunité, par cela seul qu'elle écarte le fonctionnaire, suppose et contient la mainbour royale.

M. Sickel a remarqué fort justement que les chartes d'immunité du VIe et du VIIe siècle ne contiennent ni le mot mainbour ni le mot protection, moins encore le mot recommandation, termes qui deviennent de plus en plus fréquents sous les Carolingiens. Ce n'est pas à dire que la confusion ne se soit pas déjà faite au VIIe et peut-être même au VIe siècle. Dans les chartes d'immunité il n'était pas nécessaire de signaler la mainbour

---

1. Diplôme de 637, n° 280 : Sub tuitionis et immunitatis nostrae defensione consistere volumus. — Dipl. de 674, n° 372 : Liceat eis sub sermone tuitionis nostrae vel emunitatis nostrae vivere. — Voyez une formule carolingienne, dans l'édit. de Rozière, n° 24 : Immunitates priscorum regum Francorum quibus sanxerunt sub immunitatis suae defensione consistere. Ibidem, n° 21 : quod reges Francorum praedictam sedem sub plenissima defensione et immunitatis tuitione habuissent.

2. Marculfe, I, 24, édit. de Rozière, n° 9, édit. Zeumer, p. 58.— Cf. Formules de Lindenbrog, n°ˢ 38 et 77, éd. de Rozière, n°ˢ 10 et 11, éd. Zeumer, p. 197.

royale; elle était implicitement contenue; elle résultait de la seule exclusion du fonctionnaire; elle résultait surtout de l'idée même que le concédant et le concessionnaire se faisaient de la concession. L'immuniste n'échappait au comte que pour obéir directement au roi. Par conséquent, si l'autorité administrative disparaissait, c'était nécessairement la mainbour royale qui en prenait la place.

IX.

Peut-être les rois pensaient-ils que l'immunité fortifierait leur autorité en la rendant plus directe et plus personnelle. Ce qu'elle fortifia surtout, et pour toujours, ce fut l'autorité du grand propriétaire.

On a pu remarquer que l'immunité concernait toujours des propriétaires fonciers. Si un évêque l'obtient, c'est comme étant légalement propriétaire de toutes les maisons, villages et domaines de son église; or, nous savons que la plupart des églises étaient fort riches et qu'elles possédaient de grands domaines, non seulement autour de la cathédrale et dans le diocèse, mais dans d'autres provinces souvent fort éloignées[1]. Un abbé était aussi un propriétaire de biens immenses; l'abbaye de Saint-Denis avait des terres bien loin du Parisis, en Neustrie, en Bourgogne, en Provence et ailleurs. La richesse territoriale de Saint-Bertin et de Saint-Germain-des-Prés était considérable.

Or, si l'on observe la teneur des diplômes, on reconnaîtra que l'immunité, bien qu'elle soit accordée au nom personnel de l'évêque ou de l'abbé, ne porte jamais sur sa personne, mais porte toujours sur les terres de l'évêché ou du couvent. Le diplôme ne dit pas : Nos comtes respecteront l'évêque, ne le jugeront pas, n'exigeront rien de lui. Il dit : Nos comtes n'entreront pas sur les terres, villages et domaines de cette église, en quelque province de notre royaume qu'ils soient situés, pour y juger ou y lever les impôts. Manifestement, l'immunité vise, non la personne du concessionnaire, mais les terres qu'il possède et surtout la population qui les occupe.

---

1. Episcopi qui in aliis possident regionibus (Edit de Clotaire II, ann. 614, art. 12). — L'église de Reims, pour citer un exemple, possédait des domaines *in Austrasia, Neustria, Burgundia, seu partibus Massiliæ, in Rodonico etiam, Gavalitano, Arvernico, Turonico, Piclavico, Lemovicino* (Flodoard, *Hist. eccl. rem.,* II, 11).

Il existait en effet sur chaque domaine tout un petit peuple. On
y trouvait, en premier lieu, des serfs, les uns nés sur le domaine,
les autres achetés. Il y avait ensuite les fils d'anciens serfs,
aujourd'hui affranchis, qui cultivaient de petits lots de terre
moyennant une redevance et quelques corvées dues au propriétaire. Il y avait les colons, qui n'étaient pas des serfs, et qui
cultivaient héréditairement la terre du domaine, sans pouvoir
s'en détacher[1]. Au-dessus de ces catégories d'hommes, il existait
ordinairement sur le domaine quelques hommes libres, *ingenui*[2],
qui y étaient établis à titre d'habitants, *accolæ*[3], ou à titre
d'hôtes, *hospites,* avec la jouissance d'un lot qu'on appelait
hospitium[4]. Les uns étaient comme des fermiers de la terre[5], les
autres en étaient de simples habitants, *commanentes;* mais tous,
entrés libres sur le domaine, y subissaient forcément une sorte
de dépendance à l'égard du propriétaire et devenaient « ses
hommes[6]. » Ce n'est pas tout. Les églises et les monastères avaient
leurs dévoués ou dévots, *devoti, votivi,* hommes qui s'étaient
donnés eux-mêmes à l'église ou au saint du couvent, moitié par
piété, moitié par intérêt[7]. En livrant leur personne, ils avaient

1. Sur les *coloni*, voyez dans les *Diplomata* les testaments de saint Remi,
d'Aredius, de Bertramn, de Nizezius, d'Ansbert, d'Abbon; les formules de
Marculfe, II, 1, et II, 32, et *Appendix ad Marc.*, 2 et 5. Cf. *Lex Alamannorum*,
IX, XXIII et LVII; *lex Baiuwariorum,* I, 13 (Pertz, III, p. 278); *Polyptyque
d'Irminon*, X, ɪ, p. 117.

2. Tam ingenuos quam servientes in agris eorum conmanentes (diplômes de
638, n° 291; de 627, n° 242; de 718, n° 507). — Aut de ingenuis aut de servientibus (dipl. de 635, n° 270; de 727, n° 542). — Sive de servis sive de libe-
ris (dipl. de 697, n° 444).

3. Marculfe, I, 13 et 14; II, 3, 4 et 19. Voy. dans les *Diplomata*, les chartes
d'Adroald, de Léodébode, de Widérade, d'Eberhrard, d'Abbon, etc.

4. Les *hospites* sont rarement mentionnés dans les diplômes; ils le sont fréquemment, ainsi que les *hospitia,* dans le Polyptyque de l'abbé Irminon.

5. L'idée et la pratique du fermage libre n'avaient pas tout à fait disparu.
Voyez dans Marculfe, II, 29 : Redditus terrae, ut mos est pro ingenuis, annis
singulis dissolvant.

6. Le terme *homo* a dès le vɪ° siècle la signification d'homme dépendant. On
trouve des exemples de cela dans Cassiodore, *Lettres*, X, 5 ; Grégoire le Grand,
Lettres, III, 37; VI, 9. Cf. *Homo vester* dans la formule de Marculfe, I, 27.
Voyez aussi dans les diplômes, *passim*, les expressions *homines ecclesiae,
homines ejus (id est, episcopi), homines eorum (id est, monachorum), homines
monasterii;* et dans l'édit de 614 : Homines ecclesiarum aut potentum (art. 15,
éd. Borétius, p. 22). Le mot *familia* désigne, tantôt les serfs spécialement,
tantôt tout cet ensemble d'hommes dépendants et de serviteurs; ex. : cum
omni familia rebusque monasterii (dipl. de 724, n° 531).

7. Homines qui se ad sanctam basilicam tradere et devovere voluerunt (dipl.

aussi livré leurs biens, dont la propriété appartenait dès lors à l'église ou au couvent, mais dont la jouissance leur était laissée, non sans conditions[1]. D'autres encore avaient contracté avec l'évêque ou l'abbé une sorte de contrat de fidélité ou de recommandation ; on les appelait *suscepti*, terme qui signifiait qu'ils avaient été acceptés en mainbour ou en protection. Nos chartes les désignent aussi sous les noms de *gasindi* et de *amici*, termes qui marquaient la dépendance volontaire de l'inférieur à l'égard du supérieur qu'il s'était choisi[2]. Les chartes disaient d'eux « qu'ils regardaient au monastère, » « qu'ils espéraient dans le monastère[3] ; » cela signifiait qu'ils n'attendaient de protection que de lui et qu'ils ne dépendaient aussi que de lui.

Les chartes que nous citons sont toujours relatives à des églises ou à des couvents ; mais nous savons d'autre part que les laïques aussi avaient sur leurs domaines toute une population de serfs, d'affranchis, d'habitants ou *manants* à titres divers ; et s'ils étaient puissants, ils avaient derrière eux une suite de *suscepti*, de *gasindi*, d'*amici*[4]. La grande propriété du laïque, de celui

n° 281). — Homines qui se ad ipsa basilica tradunt vel condonant (dipl. n° 495). — Cf. *Lex Alamann.*, I, 1 : Si quis liber se ad ecclesiam tradere voluerit ; concile d'Orléans de 549, c. 7 ; concile d'Orléans de 589, c. 8 ; concile de Mâcon de 585, c. 7 ; concile de Paris de 614, c. 7. *Polyptyque d'Irminon*, III, 61, p. 31 ; IV, 34, p. 37 : de votivis hominibus ; X, 47, p. 213 : Isti sunt votivi ; XXIV, 112, p. 260 : Dederunt se in servitio S. Germani.

1. Ipsum sanctum locum vel homines qui se cum substantia eorum vel cum rebus suis devovere voluerint (diplômes n°ˢ 281 et 495). — Cf. Marculfe, II, 6 (Rozière, n° 213) ; II, 3 (Rozière, n° 215) ; Formules de Sirmond 1 et 35 (Rozière, n°ˢ 211 et 214) ; *Lex Alamannorum*, I et II ; Chronic. S. Benigni Divionensis dans dom Bouquet, III, 469. — Voy. aussi Flodoard, *Hist. eccl. rem.*, II, ıı, *in fine ; Vita Agili*, 23 ; *Vita Aicadri*, 26.

2. De hominibus ingenuis qui in mundeburde monasterii…. (dipl. de 683, n° 402). — Gallus abbas petiit ut eum et ipsum monasterium una cum rebus et hominibus suis, gasindis, amicis, susceptis… (dipl. de 562, n° 168). Una cum fratribus vel hominibus suis, gasindis, amicis, susceptis (dipl. de 674, n° 372). — Les mêmes hommes sont quelquefois appelés *fideles*, par exemple dans le testament de Bertramn. — Sur le sens de *amicus*, voyez une phrase de Grégoire de Tours, *H. F.*, III, 35, où le même homme est dit *amicus* et *subditus*.

3. Tam abbas quam monachi quamque omnes qui pro casa Dei aut ipso abbate spectare videntur (dipl. de 539, n° 136). — Daumero abbate vel qui per ipsum monasterium sperare videntur (dipl. de 546, n° 144). — Qui per monasterium sperare videntur (dipl. de 562, n° 168). — Qui per ipsum monasterium sperare videntur vel unde legitimo redibit mitio (dipl. de 674, n° 372).

4. Voyez les testaments de Wandemir, d'Ermintrude, d'Abbon, l'acte de vente de Nizézius, les actes de donation de Godinus, de Théodétrude, de Wulfoald, etc. (*Diplomata*, n°ˢ 186, 241, 412, 452, 475, 559).

que les lois appellent un *potens* [1], ressemblait trait pour trait à celle de l'évêque ou de l'abbé. On y trouvait réunis une foule d'hommes dans les conditions les plus diverses.

Les relations de ces différentes classes d'hommes avec le propriétaire n'étaient pas encore bien réglées. Les lois n'en parlaient pas, et l'usage ne les avait pas fixées. On ne pouvait dire au juste jusqu'où allait la dépendance de chacun de ces hommes, qui certainement ne devaient pas tous la même obéissance. Pouvaient-ils s'affranchir de cette obéissance en s'éloignant? Quels droits avaient-ils en échange de leurs obligations? En cas de faute, de conflit ou de litige, par qui devaient-ils être jugés, par qui punis? Les lois ne disaient rien. Encore moins réglaient-elles la relation de ces hommes avec la terre qu'ils occupaient à divers titres. Le serf avait ordinairement un champ ; jusqu'à quel point le propriétaire pouvait-il le lui enlever? Jusqu'où s'étendaient les obligations de l'affranchi, et celles du fils d'affranchi, que la loi proclamait libre et que la pratique maintenait dans la demi-servitude appelée *obsequium* [2]? Avait-il quelque droit sur sa tenure, et sa redevance ou ses corvées pouvaient-elles être augmentées? Les *hôtes* n'avaient pas de contrat écrit ; la demeure et la terre leur étaient-elles assurées, et à quelles conditions ? L'incertitude était grande aussi à l'égard des hommes libres qui s'étaient volontairement donnés avec leurs terres, et qui entendaient conserver l'usufruit de ces terres et souvent même les transmettre à leurs enfants. Les règles de la mainbour étaient encore loin d'être définies, et la contradiction des intérêts engendrait souvent des conflits et des hostilités ou sourdes ou violentes. Dans une société qui était toujours en état de guerre par suite des dissensions des rois ou de l'ambition des grands, nous pouvons bien croire que, chez les petits, dans l'intérieur du domaine, l'existence n'était ni très paisible ni très régulièrement ordonnée. La plus grande question peut-être du vII[e] siècle a été le règlement de ces relations diverses. Nul problème plus grave n'occupa les hommes et n'agita leur existence quotidienne que celui de savoir

---

1. Edit de Clotaire II, art. 19 : Potentes qui in aliis possident regionibus. — *Ibid.*, art. 20 : Agentes potentum. — Pactus pro tenore pacis, c. 12 (Borétius, p. 6) : Quislibet de potentibus qui per diversa possident.

2. Sur l'*obsequium* et le service d'affranchi, on peut voir les testaments de Bertramm, d'Ansbert, d'Erminétrude, d'Abbon (*Diplomata*, n°ˢ 230, 437, 452, 559) et les Formules, édition de Rozière, n°ˢ 93, 98, 99, 100, 129.

jusqu'où irait l'autorité du grand propriétaire à l'égard des différentes classes d'hommes qui vivaient sur son sol.

Supposez un corps administratif bien constitué, des ducs, des comtes, des centeniers qui soient des représentants fidèles de l'Etat et qui soient obéis des populations ; il sera presque impossible que le grand propriétaire devienne un maître absolu. Les petits et les faibles trouveront dans le fonctionnaire public un recours et un appui. Les hommes libres n'auront pas besoin d'autre patronage. Les petits propriétaires ne subiront pas la nécessité de se livrer eux et leurs biens. Les fermiers libres et les hôtes auront un contrat régulier et la garantie des lois. Les affranchis et les colons seront armés de quelques droits bien définis. Les serfs eux-mêmes pourront être protégés. Mais voici l'immunité. Elle écarte le fonctionnaire public. Elle lui défend « d'entrer. » Ce fonctionnaire n'existe plus pour le grand propriétaire. De même, il n'existe plus pour toute la population mêlée qui habite les nombreux domaines de ce grand propriétaire.

Voyons ce qui va se passer pour la justice. « Le juge public, disent les diplômes, ne pourra plus entrer sur ces domaines pour juger les procès. » Nous avons expliqué plus haut le sens de cette interdiction. Suivant nous, elle ne soustrait pas le grand propriétaire en personne à la justice de l'Etat, qui continue à juger ses procès et ses crimes: elle n'en exempte même pas, d'une manière générale, les hommes du propriétaire qui commettraient des délits en dehors de la propriété ; mais tous les procès qui surgissent dans l'intérieur du domaine, tous les délits qui s'y produisent, échappent désormais à la justice du comte.

Faisons attention à la nature de ces procès, en nous transportant au milieu de l'état social de cette époque. Il y avait d'abord une série de procès relatifs à l'état civil et à la condition personnelle de l'homme : revendication en esclavage, contestation d'une charte d'affranchissement, litiges dont l'objet était de savoir si un homme était serf, ou affranchi, ou colon, ou né de parents libres[1]. Il y avait ensuite les procès relatifs au mariage; c'était la source de nombreux débats dans une société où le mariage était

_____

1. Sur ces sortes de procès, voy. *Lex Ripuariorum*, LIII, LVIII, LIX ; *Appendix ad Marculfum*, 1, 2, 3, 4, 5, 32; Formules de Lindenbrog, 163, 164, 167, 169. — Ceux qu'on appelle *homines calumniati* dans le Polyptyque d'Irminon sont des hommes sur la condition desquels il y a litige (*Polypt.*, XIX, 36, 37, 48; XXIV, 42).

interdit entre personnes de deux classes, et presque interdit entre personnes de deux domaines différents ; dans le premier cas, il pouvait y avoir litige sur la condition des enfants ; dans le second, on pouvait se demander auquel des deux propriétaires les enfants appartenaient. Puis, venaient les procès relatifs à la tenure de la terre ; d'une part, réclamation du tenancier affranchi ou colon dont on veut augmenter la redevance ou les services, de l'hôte ou du cultivateur libre qui veut quitter la terre et qu'on prétend retenir, ou bien qu'on veut en chasser et qui prétend y rester ; d'autre part, réclamation du propriétaire contre un intendant infidèle, contre un colon qui néglige la terre, contre un affranchi oublieux de ses obligations. Joignez à cela les innombrables querelles qu'entraînait le contrat toujours indécis de la *recommandation*, les deux parties ne comprenant pas toujours de la même manière la protection et la fidélité. Enfin, il y avait les inévitables discussions qu'engendre la vie rurale, discussions sur le bornage, sur le ban de vendange, sur la garenne, et le reste ; et les contraventions fréquentes, les délits, les rancunes, les crimes de toute sorte que le désordre des temps multipliait et que l'influence de l'église, peu sévère dans sa morale à cette époque, n'empêchait pas. Or, il s'agissait de savoir si tous ces procès et tous ces délits seraient jugés par la justice de l'Etat ou s'ils le seraient par le propriétaire lui-même.

Cette question, qui occupa, sans nul doute, la pensée de tous les hommes, fut tranchée par la concession d'immunité, en faveur du propriétaire. Car la justice de l'Etat cessa « d'avoir entrée » dans l'intérieur du domaine. Elle ne put même pas entendre les débats qui y naissaient.

On a douté que la juridiction, enlevée aux fonctionnaires, soit passée immédiatement au propriétaire du sol. Il est bien vrai que les diplômes ne le disent pas, mais ils n'avaient pas besoin de le dire. Notons bien, en effet, que c'est toujours le propriétaire qui obtient du roi l'immunité, ce ne sont pas ses hommes ; or, s'il obtient que la justice de l'Etat ne pénètre pas chez lui, ce n'est pas pour y substituer quelque autre juridiction qui ne serait pas la sienne. Aussi nos diplômes ne font-ils pas la moindre allusion à un tribunal populaire ni à une organisation quelconque de la justice. Le juge public disparu, il ne reste dans l'intérieur du domaine que le propriétaire. Il jugera donc forcément. Quand les hommes ne le voudraient pas, quand lui-même ne le voudrait pas, il se trouvera le seul juge possible. Il jugera donc, ou par lui-même ou par ses agents.

C'est pour cela que nous voyons dès ce moment les évêques, les abbés, et aussi les riches laïques, avoir sur leurs différents domaines des *judices* qu'ils choisissent eux-mêmes et à qui ils délèguent leur autorité judiciaire. Chaque domaine immuniste eut désormais son *judex privatus* qui remplaça le *judex publicus*. Au fonctionnaire du roi se substitua le fonctionnaire ou l'agent du grand propriétaire[1].

Les diplômes marquent aussi que les *freda* appartenaient désormais au propriétaire[2]. Or, ces *freda* n'étaient, si l'on peut parler ainsi, que le côté pécuniaire de l'œuvre judiciaire. De même que toute juridiction donnait droit à la perception des *freda*, de même la perception des *freda* supposait nécessairement la juridiction. Aux yeux des hommes, la possession des *freda* était comme la preuve matérielle de la possession légitime de la justice[3].

La police du domaine, dans lequel l'autorité publique n'avait plus entrée, appartenait de toute nécessité au propriétaire. Quand le roi écrit dans un diplôme que ses propres agents n'auront plus le droit de saisir aucun des hommes du domaine, ni serf ni libre, il est clair que ce droit, que le propriétaire avait déjà en partie comme maître de ses serfs et patron de ses affranchis, lui appartient désormais sans réserve sur tous les hommes qui habitent sa terre. Le rapprochement que fait le diplôme entre les libres et les serfs, *tam ingenuos quam servientes*, est singulièrement significatif.

1. Edictum Chlotarii, art. 19 (Pertz, *Leges*, I, p. 15, Borétius, p. 23) : Episcopi vel potentes qui in aliis possident regionibus (c'est-à-dire hors du lieu de leur résidence) judices vel missos discursores de aliis provinciis non instituant nisi de loco, qui justitiam percipiant et aliis reddant. — Le *judex immunitatis* est cité dans un capitulaire de 779, art. 9 (Baluze, 1, 197, Borétius, p. 48) et dans les *Capitularia*, V, 195 (Baluze, I, 860).

2. Hoc monasterium sibimet omnes fredos concessos debeat possidere (dipl. de 635, n° 270). — Cum fretis concessis (dipl. de 691, n° 417). — Cum omnis fridus concessus (dipl. de Childebert III en faveur de Saint-Maur). — Omnis fridus ad integrum concessus (dipl. de 716, n° 515). — Quidquid fiscus de freda poterat sperare... in luminaribus vel stipendiis servorum Dei mancipetur (dipl. de 727, n° 542). — Marculfe, I, 3 : hoc (c'est-à-dire, causas audire et freda exigere) episcopus vel successores ejus valeant dominare.

3. Du moins au vii⁰ et au viii⁰ siècle; plus tard, le mot *freda* a été employé quelquefois pour désigner des impôts ou exactions d'autre nature.

Voyons maintenant ce qu'il advenait de l'impôt. Les expressions qui sont employées sur ce sujet doivent être observées de près et interprétées littéralement. Le roi ne dit pas : L'évêque ou l'abbé ne payera plus de contributions à notre fisc. Il dit : Nos fonctionnaires n'entreront plus sur les terres de l'évêque ou de l'abbé pour percevoir « les contributions sur les hommes, libres ou serfs, qui habitent les terres de cet évêque ou de cet abbé[1]. » Ainsi, les impôts dont il s'agit ici sont moins des impôts payés par le propriétaire du sol que des impôts payés par ses hommes, c'est-à-dire par ceux qui habitent et cultivent sa terre. Pour s'expliquer l'importance de cela, il faut se rappeler que depuis le temps de l'empire romain une série de contributions publiques étaient à la charge, non plus du propriétaire, mais des tenanciers à qui il avait distribué les lots du domaine. L'impôt foncier, au lieu de porter en bloc sur sa tête, s'était réparti et distribué entre ses cultivateurs[2].

Cet impôt était-il supprimé par la charte d'immunité ? Nullement. Les diplômes n'ont pas un mot qui implique que les hommes du domaine, libres, colons ou serfs, soient exemptés du payement des contributions publiques. Ils en ôtent seulement la perception à l'officier du roi pour la confier expressément, ainsi que nous l'avons vu, au propriétaire du sol. Quelquefois le roi stipule que le propriétaire remettra dans ses mains une somme fixe qui répond à peu près au produit net de l'impôt. D'autres fois, il lui fait don de toutes les sommes perçues ; mais, même en ce cas, les termes de la concession marquent bien que les hommes du domaine ne sont pas exempts : « Tout ce que le fisc avait droit de percevoir

---

1. Quidquid fiscus de eorum (id est, monachorum) hominibus, aut de ingenuis aut de servientibus, aut in eorum agris commanentibus poterat sperare (dipl. de 635, n° 270). — Quidquid fiscus ex eorum hominibus vel in eorum agris commanentibus poterat sperare (dipl. de 661, n° 341). — Quod ad fiscum nostrum reddere debuerant homines ecclesiae (dipl. de 665, dans les *Diplomata, addit.*, t. II, p. 424). — Marculfe, I, 3 : Quidquid de ingenuis aut de servientibus ceterisque nationibus que sunt infra (*infra* dans la langue du temps a le sens de *intra*) agros seu super terras praedictae ecclesiae commanentes, fiscus aut de freda aut undecunque poterat sperare.

2. La manière dont cette modification s'opéra dans l'assiette de l'impôt foncier s'aperçoit bien dans une loi de Justinien, au Code, XI, 48, 20, § 3. On y voit que le *colonus*, outre qu'il payait au propriétaire le *reditus terrae*, payait en même temps au fisc les *functiones publicae*, c'est-à-dire l'impôt public inhérent à cette terre. La loi de Justinien constate que c'était là une coutume ancienne, *more solito*, mais non pas une coutume universelle.

sur les hommes, libres ou serfs, qui habitent les domaines, nous
le remettons et concédons à l'église ou au couvent, pour servir au
luminaire ou à l'entretien des moines[1]. » Ailleurs, le roi dit en
parlant des hommes de deux villages : « Tout ce qu'ils rendaient
autrefois au fisc, ils le payeront désormais à l'abbé[2]. » Il est donc
certain que le contribuable continue à payer ; mais il paye au
propriétaire. Qu'ensuite ce propriétaire ait à compter avec le roi
ou qu'il garde les sommes pour lui, cela importe assez peu à
l'homme qui a payé. C'est tout au plus s'il sait si l'argent va au
roi ou s'il reste à l'évêque. Dans un cas comme dans l'autre, lui,
contribuable, ne connaît ni le roi ni l'État, il ne connaît que le
propriétaire, lequel lui apparaît désormais comme le vrai maître
de l'impôt.

Il resterait à se demander ce que devenait le service militaire,
et il y a ici une assez grande obscurité. On sait que ce service
était exigé de tous les hommes non serfs, sans distinction de race.
On sait même que les lites, d'une part, les hommes de l'église, de
l'autre, y étaient assujettis. Avant l'immunité, ils devaient obéir
à toute réquisition des ducs et des comtes, et ceux qui refusaient
de prendre les armes devaient payer une forte amende, laquelle
était appelée *hériban* comme le service lui-même[3]. En cas d'immunité, les hommes étaient-ils exempts ? Aucun diplôme ne le
dit ; mais deux diplômes disent expressément que « les fonctionnaires publics ne lèveront plus l'hériban, et que ce sera l'église
qui le lèvera pour son propre usage[4]. » Il est visible que, si le

---

1. In luminaribus ipsius sancti loci vel stipendia servorum Dei proficiat in
perpetuum (dipl. de 635, n° 270). — Quantumcunque homines reddere debuerant... ipse pontifex habeat concessum atque indultum (dipl. de 665 cité plus
haut).

2. Diplôme de 673, n° 368. — Cf. Vita S. Remigii ab Hincmaro (dom Bouquet, III, p. 377-378) : Petentibus incolis locorum, qui multiplicibus exeniis
erant gravati, ut quod regi debebant, ecclesiae remensi persolverent, rex
concessit.

3. Grégoire de Tours, *H. F.*, V, 27 : Chilpericus rex de pauperibus et junioribus ecclesiae vel basilicae bannos jussit exigi pro eo quod in exercitu non
ambulassent. — *Id.*, VII, 42 : Edictum a judicibus datum est ut qui in hac
expeditione tardi fuerant, damnarentur... Pretia dissolvetis quod regis impe-
rium neglexistis. — Lex Ripuariorum, LXV, 1 : Si quis in utilitatem regis sive
in hoste bannitus fuerit et minime adimpleverit, LX solidis multetur. —
Cf. diplôme de 695, n° 434.

4. Diplôme de 665, t. II, p. 424 : Ut nullus judex publicus... nec herebanno
recipere nec requirere praesumat... sed ipse pontifex valeat habere concessum

comte n'a plus la perception de l'hériban qui représente le service militaire, c'est qu'il n'a plus la levée des soldats, et que, si cette sorte d'impôt est donnée à l'évêque, c'est que la levée des soldats lui appartient aussi. On ne voit pas d'ailleurs comment le comte aurait pu forcer les hommes du domaine à le suivre à la guerre, puisque la charte d'immunité lui enlevait le droit de les saisir, *distringere,* et lui ôtait tout moyen de les contraindre. Ce qui est, sinon certain, du moins très vraisemblable, c'est que le roi ne dispensait pas ces hommes du service militaire, mais qu'écartant ses propres agents il laissait au grand propriétaire le soin de faire la levée des hommes et de les lui amener, soit par lui-même en personne, soit par son représentant.

En résumé, la charte d'immunité n'est jamais faite en faveur des hommes du domaine ; elle est toujours faite en faveur du propriétaire. Elle ne dispense ces hommes ni d'être jugés, ni de payer des impôts, ni de servir comme soldats. Toutes les charges de la population subsistent. Le seul changement est que le droit de justice, la perception des impôts, la levée des soldats, au lieu d'appartenir aux agents du roi, appartiennent au propriétaire. L'immunité ne touche pas, en principe, à l'autorité royale ; elle ne touche pas non plus à la condition ou aux charges des classes inférieures ; seulement, comme elle fait disparaître le fonctionnaire royal et lui substitue le propriétaire, il résulte de là que tout ce que les classes inférieures avaient eu d'obligations envers l'agent royal est transporté de fait au propriétaire.

Voilà donc le grand point obtenu. Le propriétaire, en dépossédant le fonctionnaire public, est devenu un maître absolu sur ses domaines. Vis-à-vis des hommes, libres ou serfs, qui « sont manants sur ses terres, » il n'est plus seulement un propriétaire ; il est tout ce qu'avait été le comte ; il a dans ses mains tout ce qu'avait eu l'autorité publique. Il est le seul chef et le seul juge, comme le seul protecteur. Les hommes de sa terre ne peuvent plus avoir d'autre gouvernement que le sien. Il est vrai qu'à l'égard du roi il reste un sujet, ou plus exactement un fidèle ; mais chez lui il est un roi.

atque indultum. — Diplôme de 727, n° 542 : Quidquid fiscus de herebanno poterat sperare, ad luminaribus vel stipendiis famulis Dei mancipetur. — Comparez un diplôme qui paraît être de 739 et où l'on voit que l'*heribannus* appartient au propriétaire, laïque ou ecclésiastique (*Diplomata,* t. II, p. 464).

CONCLUSION.

On a souvent rapproché l'immunité mérovingienne de l'immunité qui avait existé dans l'empire romain. Elles diffèrent par des traits caractéristiques.

Il y avait dans l'empire romain deux sortes d'immunités qu'il faut d'abord distinguer : les unes collectives, les autres personnelles. Les immunités collectives existaient en vertu des lois ; aussi est-ce dans le recueil des lois impériales que nous les trouvons. Elles appartenaient de plein droit à certaines catégories ou classes de personnes ; en premier lieu, aux *Palatini,* c'est-à-dire aux fonctionnaires de la cour, aux employés supérieurs des bureaux[1], et aussi à ces agents que le prince envoyait dans les provinces sous le titre de *agentes in rebus*[2] ; en second lieu, aux hommes qui exerçaient les professions libérales, médecins, professeurs, architectes, peintres[3] ; enfin, à plusieurs professions industrielles ou commerciales, aux *navicularii*[4], aux orfèvres, aux géomètres, aux fabricants de machines, et à beaucoup d'autres artisans[5], pour qui elles étaient moins une faveur que la compensation de quelques charges spéciales. Il est assez visible que cette sorte d'immunité ne ressemble en rien à l'immunité mérovingienne. Celle-ci n'est jamais collective. On ne voit pas qu'elle soit jamais accordée à des professions ou à des classes d'hommes, pas même aux grands du palais. Elle est essentiellement personnelle.

L'immunité que les empereurs accordaient était surtout l'exemption des charges municipales. Elle affranchissait : 1° de l'obligation de remplir les *honores,* c'est-à-dire les fonctions fort coûteuses de la cité[6] ; 2° du payement des impôts municipaux[7] ;

---

1. Code Théodosien, VI, 35, 1 : a Palatinis, tam illis qui obsequiis nostris inculpata officia praebuerunt quam illis qui in scriniis nostris versati sunt... — Ibidem, VI, 35, 3.

2. Code Théodosien, VI, 35, 3, § 3. — Ibidem, VI, 35, 7.

3. Code Théodosien, XIII, 3, 1-4. — XIII, 3, 10-16.

4. Code Théodosien, XIII, 5, 5. — XIII, 5, 7. Cf. Lampride, *Alexander*, 22.

5. Digeste, livre L, tit. 6.

6. C'est le sens des mots : nominationes jubemus esse summotas, de la loi 1 du code Théodosien, VI, 35. Le sens du mot *nominatio* est bien marqué dans plusieurs lois du code de Justinien, X, 32, 2, 18, 45. Les *honores* dont il est question dans d'autres endroits sont des fonctions municipales ; voy. Code Théodosien, VI, 35, 3.

7. Ces contributions municipales sont parfois désignées par l'expression *functiones publicae ;* voy. Code de Justinien, X, 32, 26, 31, 46.

3° de certaines prestations dites sordides, *sordida munera*, qui étaient des corvées municipales[1]. On y ajouta l'exemption de quelques charges publiques, comme le logement des soldats, le service militaire, et même le payement de quelques surcroîts d'impôts tels que la superindiction[2]. Mais pour ce qui est des impôts réguliers, de l'impôt foncier, de la capitation, nous ne voyons pas qu'ils aient jamais été compris dans cette sorte d'immunité. Quant à la justice, l'immunité romaine avait seulement pour effet de soustraire celui qui en était l'objet à la justice municipale ou à la juridiction inférieure des *judices pedanei*[3]. Elle ne supprimait nullement la justice du *præses*. Quelques hauts fonctionnaires avaient le privilège de n'être jugés que par le prince ; mais cela même n'a qu'une analogie apparente avec le privilège judiciaire de l'immunité mérovingienne.

Il est vrai qu'en dehors de ces immunités collectives et légales, il y a eu, durant toute la période impériale, des immunités personnelles qui émanaient de la pure faveur du prince. C'est sur ce point seulement qu'il pourrait y avoir quelque ressemblance avec l'immunité mérovingienne. Mais ces concessions impériales nous sont fort peu connues. A peine sont-elles indiquées par trois ou quatre textes assez vagues qui n'en disent ni la nature ni les effets[4]. Ce qu'on y peut apercevoir, c'est que ces concessions

---

1. Immunes a cunctis muneribus sordidis et personalibus (Code Théod., VI, 35, 1). — Ibidem, 3 et 4. — Sur les *munera* ou *munia* qui sont des charges municipales, voy. Code Just., X, 32, 46, 49, 50, 58.

2. Medicos et professores... nec ad militiam comprehendi, neque hospites recipere (Code Théodos., XIII, 3, 3 ; Paul, au Digeste, L, 5, 10). — Nec eorum domus militem seu judicem suscipiant hospitandum, nec ad militiam liberi eorum trahantur inviti (Code Théod. XIII, 3, 16). — Code Théodosien, XIII, 3, 2 ; XIII, 3, 18 et 19. — L'exemption de la superindiction est accordée aux *clerici* par une loi de 412 (Code Théod. XVI, 2, 40).

3. Neve pedaneorum judicum obnoxii sint potestati (code Théod., XIII, 4, 4). — In jus vocari prohibemus (ibidem, XIII, 3, 1); mais il faut observer qu'il ne s'agit que de la justice municipale ; le contexte le marque bien.

4. Suétone, *Auguste*, 40 : Cuidam tributario Gallo immunitatem obtulit. — Id., *Tibère*, 49 : Plurimis... et privatis immunitates ademptae. — Tacite, *Hist.*, III, 55 : His tributa dimittere, alios immunitatibus juvare.— Code de Just., X, 42, 3, loi d'Alexandre Sévère : Qui immunitatem munerum publicorum consecuti sunt. — Ibidem, X, 42, 7, loi de Dioclétien : Etiam minores aetate patrimoniorum muneribus subjugari solent, unde intelligis te frustra plenam immunitatem desiderare cum munera quae impensas exigunt subire te necesse est. D'où il résulte que cette immunité n'exemptait jamais des *munera patrimonialia* (code de Just. X, 42, 5).

entraînaient une exemption d'impôts[1] ; mais rien n'autorise à penser que l'immunité impériale supprimât la juridiction du fonctionnaire public ; rien ne permet de croire qu'elle interdît au gouverneur de province d'entrer sur la terre de l'immuniste.

L'immunité mérovingienne n'a donc rien de romain, si ce n'est son nom. Est-ce à dire qu'elle vienne de la Germanie ? Il suffit de lire un de ces diplômes pour reconnaître une série de traits absolument opposés à ce que nous savons de la Germanie ancienne. Elle n'est, suivant toute apparence, ni romaine ni germanique. Il faut la prendre comme un fait qui a surgi dans le désordre du vi^e siècle et qui, se développant et prenant des formes de plus en plus arrêtées, est devenu au viie siècle l'institution que nous avons vue. Nous pouvons, après l'avoir étudiée en détail, en résumer les caractères.

1° L'immunité est une faveur, un *beneficium*. Elle est accordée par le roi personnellement à un homme qui d'ordinaire s'est présenté en personne. Elle ne vient qu'à la suite d'une demande ou prière dont mention est faite dans l'acte. Puis, cette prière et cette faveur se renouvellent à chaque décès. Tous ces traits, qui semblent de pure forme, nous font pourtant saisir le lien étroit qui unit l'immunité aux autres institutions génératrices de la féodalité.

2° Le privilège d'immunité consiste à affranchir l'évêque, l'abbé ou le grand seigneur laïque de l'autorité administrative, soit pour la juridiction, soit pour la levée de l'impôt, soit pour la police locale. Elle ne détruit pas d'une manière générale la hiérarchie des ducs, comtes et centeniers, mais elle soustrait des milliers de domaines à leur autorité.

3° Elle ne supprime pas l'autorité royale, le roi ne renonce nulle part à ses droits, il renonce seulement à les faire exercer par l'intermédiaire de ses agents. Dès lors il arrive que l'autorité royale, qui ne peut plus agir administrativement, prend le caractère d'un patronage direct et personnel ; le sujet n'est plus qu'un fidèle.

4° L'immunité est toujours accordée à un grand propriétaire foncier, évêque, abbé ou seigneur laïque ; elle ne l'est jamais aux hommes qui habitent et cultivent les grands domaines. Elle n'a

---

1. C'est ce qui résulte déjà d'un texte de Suétone cité plus haut : Ouidam tributario Gallo immunitatem obtulit, affirmans se passurum fisco detrahi aliquid.

rien de démocratique ; elle est toujours à l'avantage des plus grands. Tous les droits dont la royauté dessaisit ses agents, c'est au grand propriétaire qu'elle les donne, ce n'est pas aux classes inférieures. Comme conséquence naturelle de l'exclusion du fonctionnaire royal, le grand propriétaire devient le juge de tous les hommes qui sont sur ses terres, et la justice publique se change, dans l'intérieur des domaines privilégiés, en justice privée. Les impôts sont perçus par le grand propriétaire, et, soit qu'il les porte au roi, soit qu'il les garde pour lui, ces impôts se transforment, dans la pratique, en contributions privées. Toutes les obligations que les hommes des domaines avaient eues auparavant envers l'État, ils les ont désormais envers le grand propriétaire.

Ainsi l'immunité a modifié les rapports des hommes entre eux, aussi bien ceux des propriétaires vis-à-vis du roi que ceux des classes inférieures vis-à-vis des propriétaires.

C'est par là que l'immunité a été l'une des sources du régime féodal. Durant plusieurs siècles, elle a été un de ces faits mille fois répétés qui modifient insensiblement et à la fin transforment les institutions d'un peuple. En changeant la nature de l'obéissance des grands, et en déplaçant l'obéissance des petits et des faibles, elle a changé la structure du corps social. Elle a contribué, pour sa part, à substituer à la monarchie administrative, que l'empire avait établie et que les Mérovingiens croyaient continuer, le système nouveau de la fidélité. Que les habitants des domaines deviennent les sujets du grand propriétaire, et que ce grand propriétaire devienne un simple fidèle, voilà les deux traits essentiels qui feront le régime féodal ; or, cela se trouva établi, dès le VIIe siècle, non pas partout, mais sur mille points du territoire, par l'immunité.

B.

tranch. blanc.
tr. rouge, titre en long